1章

イノチャン山荘

常に吹きさらしになっているためか、異臭が漂う廊下。
壁はボロボロに崩れ、むき出しの板が不気味さを増幅させる。

オーナー夫婦が殺害され、血痕が残っていると言われる大浴場。
壁にはヤモリかトカゲのような生き物が張り付いている。

オーナー夫婦の家と思われる廃屋の靴箱には
尋常じゃない量の靴が詰め込まれていた。

2章

赤い部屋

アパートの出入口には立ち入り禁止のロープが張られている。
外から赤いブラインドは確認できない。

右棟2階の右部屋に散乱していた大量の布団。
腐りかけた布団の周りには様々なものが捨てられていた。

3章

下田富士屋ホテル

触ると呪われると言われる日本人形。エントランスに並ぶそれは、
意思を持って侵入者を拒んでいるかのようだ。

呪われた部屋と言われる「神子元《みこもと》38号室」。
畳が腐食し、中央に大きな穴が空いている。

4章

いもんた

掲示板の近くに建てられた竹の鳥居。
奥には稲荷神の眷属《けんぞく》である白い狐の像が祀られていた。

ボロボロに塗料の剥がれた赤い鳥居。
近くの石碑には呪われた一族・H家の名前が確認できた。

5章

ヤバい家〈キューピーの館&御札の家〉

赤ちゃんを模した人形は泥と埃にまみれ、
目を見開いて床に大量に転がっていた。

蔵の2階に置かれた三つの箱。
中には人が寝ていたかのように凹んだ布団が敷かれている。

6章

取り残された廃屋

20カ所行脚ではじめて訪れた山中の廃屋。
明るい時間だが、看板と張り紙が異様な雰囲気を醸し出している。

廃屋の中には金色の仏像とカラフルな布の帳があり、
位牌には日本人ではない名前が書かれていた。

7章

人肉館&ホテルセリーヌ

数多くの恐怖エピソードが囁かれる廃ホテル。
名前の書かれた看板は無残に崩れかけている。

あまりにも有名な、女性の最期を描いた妊婦絵。
顔は黒く塗り潰され、腹には包丁が刺さっている。

8章

ある少女と鉄格子の家〈ホワイトハウス&ブラックハウス〉

落合が撮影したホワイトハウスの写真には
グシャグシャになった光の筋がいくつも写されていた。

自殺志願者を引き寄せると言われる電波塔。
闇夜にそびえ立つその姿は圧倒的な不気味さを感じさせる。

9章

ホテル皇邸

異様な存在感を放つ煉瓦造りの廃ホテル。
割れた窓からは女性の幽霊が見えると噂される。

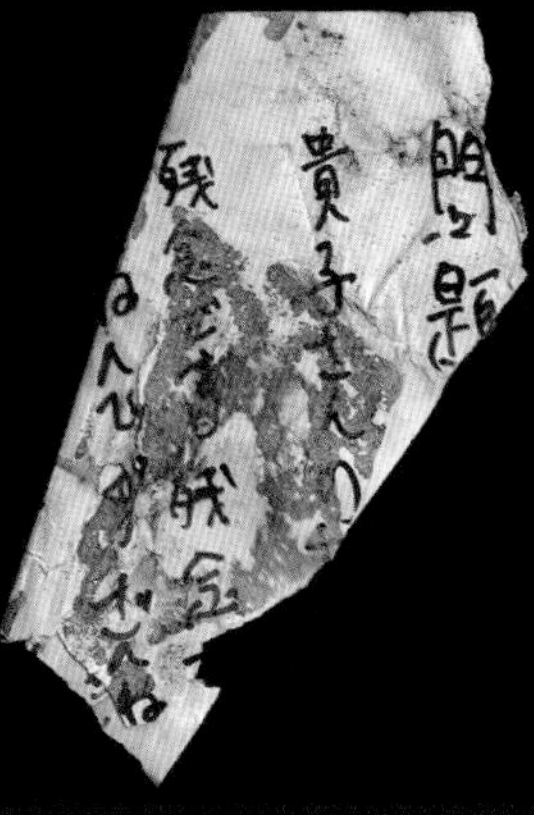

長尾が担当した部屋から見つかった手紙の切れ端。
一体、誰が何を伝えたくて書いたものなのだろうか。

ロシア村

わずか10年ほどで閉園となった幻の廃テーマパーク。
建物の前には廃材や瓦礫が山のように積まれていた。

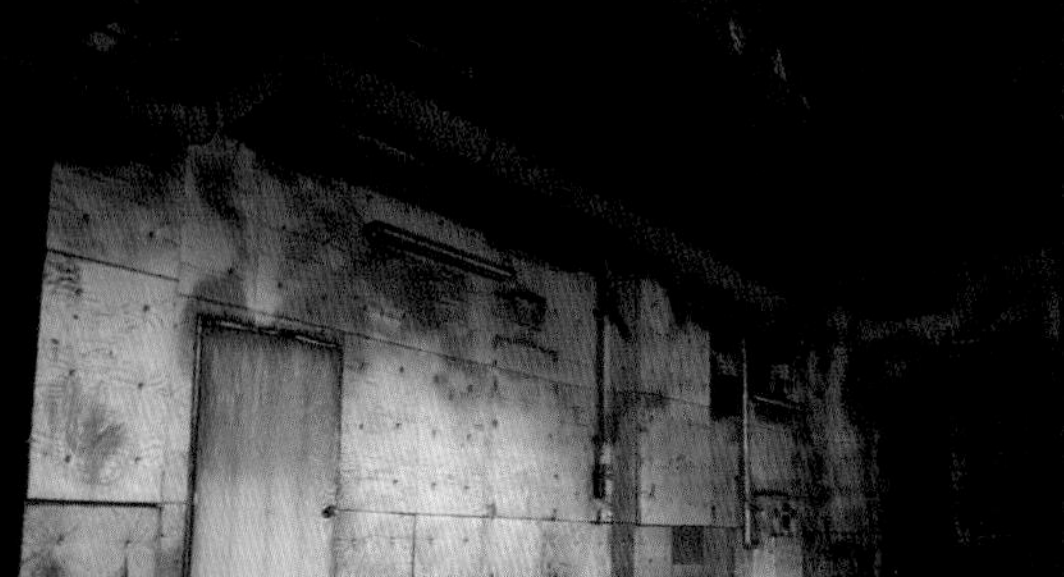

ロシア村で一番危ないと言われる水没した地下室。
ここに溜まっているのが何の水なのかは、一切不明のままだ。

読むゾゾゾ 2

WANI BOOKS

はじめに

この本を手にとってくれた人の多くは『ゾゾゾ』の存在を知っている人だろう。中には『読むゾゾゾ』1巻を読んでくれた人もいるかもしれない。そういう人にとっては「もう知ってるよ」っていう情報だと思うが、一応自己紹介しておく。

ゾゾゾは全国の心霊スポットを訪れてレポートするYouTubeの番組だ。ディレクターである皆口の「心霊スポットを網羅した、心霊スポットの『食べログ』みたいなサイトを作りたい」という一言から始まった。

動画に関しては、当初は「せっかくだから動画も撮っておきましょう」くらいのノリだった。俺はあんまり深く考えず、「まあ、いいよ」と答えてしまったのである。結果的にいろいろな心霊スポットに行くことになってしまった。

初期の頃は100人程度しか見ていない番組だったが、何が起こったのかどんどん視聴回数とチャンネル登録者数が増えてしまい、現在は登録者数68万人を超えている。

これは非常にありがたいことだ。視聴者のみなさまには感謝しかない……のだが、俺はぶっちゃけ怖がりだ。わざわざ悪い噂が立っている恐ろしい場所に行きたくない。だからうれしさ半分、怖さ半分といったところだ。もう今さら「見ている人も少ないし、やめようぜ」

とも言えなくなってしまった。

ファーストシーズンを始めた頃は、俺は正直に言うと霊を信じていなかったし、そういうものを見たこともなかった。ただ、信じていないから怖くないかって言われるとそんなことはなく、心霊スポットに行くたびに、毎回寿命が縮むような思いをさせられた。

そしてさんざん恐ろしい目に遭い、「ひょっとしたら霊はいるのかも?」などと考えるようになってきてしまった。いや、むしろ、なんだかわからない音を聞いたり写真を撮ってしまったりして、いっそいてくれたらすっきりするのに、と思うことさえあった。

とはいえ、全24回を撮り終えたときは安堵し、もう心霊スポットになんか行かなくてよいだろう……と安心していたのだが、もちろんそうは問屋がおろさなかった。

皆口の鶴の一声で、再び恐怖の旅が始まってしまったのだ。

ファーストシーズンが終わって数カ月ほど経ったある日、俺はゾゾゾ公式Twitterのつぶやきでセカンドシーズンが始まることを知った。

一応、俺ってメインパーソナリティじゃないのか?

「聞いてないけど、本当にやるの?」

皆口に聞くと、しれっと答えた。

「もちろん本当にやります。どこか、探しておきますね」

しかも、第1回はいきなり福岡から始まった。

関東近郊が多かったファーストシーズンとは違い、セカンドシーズンでは佐賀、福島、静岡、宮城……と日本全国各地を回らされた。気分はもうオカルト寅さんだ。

足を運んだ心霊スポットは、輪をかけて怖い場所ばかりになっている。そして今回は不可思議な現象の怖さだけでなく、人間の行動や感情の怖さのようなものを強く感じたシーズンでもあったように思う。

前回に引き続き、ビビリですぐに音が聞こえまくるスタッフの内田、見た目はいかついが意外と怖がりの長尾、さらに新スタッフの山本も参加して、毎回スクリーム・ジャーニーになっている。最終的にはスタッフ一同一人も欠けることなく、怪我もなく、セカンドシーズンも全24回を走り終えることができた。

そして、ありがたいことに『読むゾゾゾ2』も発売されることになった。俺があのときどう感じていたのか、目には何が映っていたのかなど、動画とは違うもう一つの視点からセカンドシーズンの話をまとめさせていただいた。活字で読むことで、新たな怖さや楽しさを感じてもらえるのではないかと思う。

この本は、俺、落合の視点から見た、もう一つの『ゾゾゾ　セカンドシーズン』だ。

とりあえずトイレに行った後に、ドキドキしながらページをめくって、俺たちとともに恐怖の旅へ同行していただけたらうれしい。

ゾゾゾとは

Horror entertainment program!

心霊スポットや恐怖ゾーンといった日本全国のゾゾゾスポットをレポートして、ホラーポータルサイトを作るという壮大な目標を掲げて活動するホラーエンタテイメント番組。2018年6月より、YouTubeにファーストシーズン（全24回）の動画の配信を開始。2020年1月よりセカンドシーズン（全24回）が公開される。

落合、内田、山本、皆口、スペシャルゲストの長尾の五人を中心に活動している。

MEMBER

落合

メインパーソナリティ。皆口の上司で暇そうという理由から声をかけられ、番組に参加。心霊否定派だが、最近では何かいるかも、と思っている。

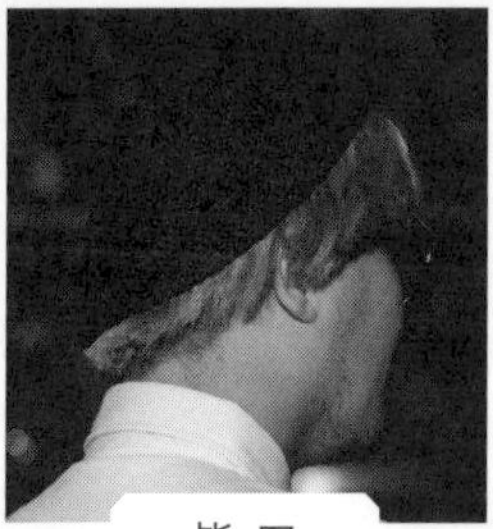

皆口

ディレクター・カメラ・編集。ゾゾゾの発起人で生粋のホラーマニア。進んで恐怖の現場に突撃し、怖がるメンバーに実証実験をふるう撮れ高の鬼。

内田
（まーくん）

スタッフ。皆口の高校の友人でオカルト好き。〝感じる〟タイプで撮影後にお祓いにいくことも。家は心霊スポットとしてたびたび番組に登場している。

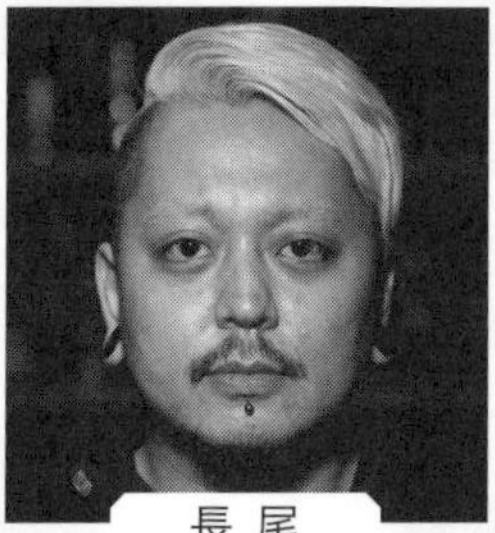

長尾
（しょうちゃん）

永遠のスペシャルゲスト。けれど、ほぼ毎回登場。青髪や金髪など一見いかつい見た目だが、一番冷静に現場を分析して推理を披露する。廃墟好き。

山本

スタッフ。以前からゾゾゾのイベントを手伝っていたが、セカンドシーズンから正式にメンバーとして参加。童顔だが、落合と同年代の年長組である。

もくじ

はじめに —— 003
ゾゾゾとは —— 006
ゾゾゾ セカンドシーズン MAP —— 010

1章 イノチャン山荘 —— 012
佐賀最恐スポット！
殺人事件の噂がある朽ちた廃山荘で恐怖の大捜索！

2章 赤い部屋 —— 040
黒電話にまつわる不気味な噂の真相とは？
封印された心霊スポット、解禁！

3章 下田富士屋ホテル —— 064
呪われた部屋と恐れられる「神子元38号室」に潜入！
廃ホテルで見つけてはいけないモノを見つけてしまった——。

4章 いもんた —— 086
滅亡した一族・H家に一体何が起こったのか⁉
行ってはいけない場所、その名前が意味するものとは。

5章 ヤバい家〈キューピーの館&御札の家〉 —— 106
岡山県最恐スポット！ 戦慄の家に大突撃‼
危険すぎる実証実験で緊急事態発生！

コラム 関西の最恐心霊スポット20カ所行脚！ —— 130

山奥に建てられた廃屋の謎を追え！
決死の撮影で一同に迫る恐怖の展開と禁断の全貌！

有名すぎる心霊ホテルで呪われた妊婦絵を撮る！
そのとき、出演者を襲う怪異の正体とは!?

監禁された少女の霊に隠された悲しい真実。
二つのスポットを巡る恐怖の心霊レポート！

閉鎖された廃ホテルに突入！
幽霊が出るヤバい部屋で三人同時実証実験スペシャル！

呪われた廃テーマパークで水没した地下室を探せ！
最期のスポットでかつてない恐怖に遭遇する!!

ロシア村
ホワイトハウス
ブラックハウス
ホテルセリーヌ
赤い部屋
人肉館
下田富士屋ホテル
山形県
宮城県
新潟県
福島県
富山県
栃木県
群馬県
長野県
石川県
茨城県
埼玉県
福井県
岐阜県
東京都
山梨県
神奈川
千葉県
滋賀県
愛知県
静岡県
三重県
奈良県

ゾゾゾ
セカンドシーズン
MAP

1章

イノチャン《いのちゃん》山荘《さんそう》

佐賀最恐スポット！
殺人事件の噂がある朽ちた廃山荘で恐怖の大捜索！

イノチャン山荘は佐賀県最恐と囁かれる心霊スポットである。木々が生い茂る森の奥に存在し、たどり着くことは非常に困難だ。

山荘は1960年代に建設され、1990年代に閉業したとみられている。

ここでは過去に隔離施設から逃げ出したイノウエという精神異常者がオーナー夫婦や子供を含む居住者を殺害したとの噂があり、被害者の霊は今もこの山荘内を彷徨っていると言われている。

知名度	恐怖度	ゾゾゾポイント
A（全国的に知名度の高い超有名スポット）	A（雰囲気がヤバい。呪われそう）	5

「今回の目的地は佐賀県です」

ディレクター皆口に告げられて俺は露骨に嫌そうな顔をした。

そうじゃなくても怖いところには行きたくないのに、佐賀ときた。ファーストシーズンもいろいろな場所に足を運んだが、それでもほぼ関東圏だった。ついに関東という縛りが外れてしまって、これでは一体どこまで行かされるかわかったもんじゃない。


佐賀県まではとてもじゃないが自動車では行けないので、内田、皆口、長尾のいつものメンバーで羽田空港から飛行機で飛んだ。

皆口は「出演者には具体的にどこへ行くかは伝えない」というのを信条としている。どうせ聞いても答えないのを承知しているから、もう誰も聞かなかった。

2時間のフライトで九州佐賀国際空港に到着した。飛行機から降りると、急に胸に不安な気持ちが押し寄せてきた。佐賀には知人も友達も一人もいない。全く知らない土地に来てしまったという、部外者感が半端ない。

佐賀と言えば、霜降りの入った佐賀牛や、呼子で捕れた新鮮なイカなどが名物だが、レストランに寄り道をする時間など全くなく、空港から出るとすぐに全員でレンタカーに乗って移動した。運転はもちろん俺だ。


皆口から住所だけを伝えられ、カーナビに入力する。空港から北に40〜50分進んだ場所が目的地だった。

目的地の周りは特に何もない山だ。右も左もずっと同じ景色が続く。

まだ日があるうちに目的地の近くに着き、池の前でオープニングの撮影を始めた。


「本日は我々、S・A・G・A、佐賀県にやって参りました！」

「……はい」

「あの、もう少しテンションの方、上げていただいてもよろしいでしょうか？」


テンションの低すぎる俺に、皆口が突っ込む。

いつものようにスタッフの内田がスポットの説明をする。

「現在、我々は佐賀県の神埼市にいます。ここには『イノチャン山荘』と呼ばれている最恐心霊スポットがあります。そこは一帯に木々が生い茂りまして、非常に不気味な雰囲気で、たどり着くことが難しい森の奥に存在します。ここでは過去に『精神異常者による殺人事件があった』と噂されているんですけども、詳細は一切不明となっております」

〝イノチャン〟という一聞するとひょうきんな響きが、逆に何か禍々しさを感じさせる。

都市伝説では、

「隔離施設から逃げ出したイノウエという精神異常者が山荘に押し入り、オーナー夫婦、子供など居住者を殺害。山荘のオーナー夫婦は大浴場で殺害されて、その血痕はいまだに残っている。山荘は事件後に封鎖され、イノチャン山荘と呼ばれるようになった。被害者の霊は今もこの山荘内を彷徨っている」

というような話になっているらしい。

なんで殺人犯のイノウエをイノチャンって愛称で呼ぶのか？　などおかしな点もあるけど、何も手がかりがないだけに否定することもできない。

「落合さんのテンションが撮影モードではないので、本日賑やかしにスペシャルゲストをお呼びしております！　パチパチ〜パチパチ〜長尾くんです」

皆口が長尾を紹介するシーンを撮影する。

スペシャルゲストの長尾はヒョウ柄のアウターを着ている。青い髪にヒョウ柄とかなり目立つ格好で、賑やかしとしては最適だろう。

「イノチャン山荘への入口がこの奥らしいんですよ。これ見えます？　微妙に道になっているんですよ」

皆口が言う方向を見ると普通に森だ。

「いや、道じゃないよこれ」

俺のテンションは低いが、皆口のテンションは高い。自分だってたどり着くことすら難しい場所に行くのに、なんでそんなに楽しそうなんだ？

夜の真っ暗な森の中に入っていくのは、身震いするほど恐ろしい。ただ無目的に歩いていかなければならないのか？ と不安だったが、目印と言われている水路を見つけることができた。

「さっそく、突撃していきましょう」

皆口が言う。

「こんなところに建物なんか建てないでよね……」

俺は愚痴りながら、森に足を踏み入れた。

カメラを持ち、先頭を進む。暗い中、それなりに深い水路の横を歩いていくのは怖いし、危険で、嫌でたまらない。しばらく進むと竹が倒れて道が塞がっていた。何年も人が通っていないようだ。なんとか掻き分けて前に進む。

「山荘があったんだったら、普通、道あるだろ……」

「車とかが出入りできる正規の入口出口はあるはずですけどね」

俺の問いに皆口が答える。

「道あってるの？」

「本当にその建物あるの？」

続けて、質問するが返事はない。皆口にも答えはわからないのだ。

半信半疑のまま20分ほど歩いた。ふっと前を懐中電灯で照らすと、急に森の中に建物が浮かび上がった。

「あ！　あ！　何か！　うわ!!　危ない！」

驚いてのけぞってしまい、思わず水路に落ちそうになってしまった。後ろを歩く長尾が俺の腕を掴んでくれて、少しホッとする。


森の中にはポツンと小屋があった。

だが山荘といった感じではない。近づいて建物の中を見ると、かなり自然に侵食されていた。竹や木が突き抜けて生えている。もう何年かしたら、建物だったことすらわからなくなってしまうのではないだろうか？

玄関らしい入口もあったし、布団などの家財道具が残っているのも見かけたので、たしかに誰かが住んでいたのだろう。2階への階段もある。

内田と皆口が調べたところによると、イノチャン山荘は平屋で、2階建てという情報はないらしい。古びたお酒の看板があったので、居酒屋や食堂だったのかもしれないと推測できた。

小屋を見ていると、内田と長尾が外から何か音が聞こえた、と言い出した。

「俺には聞こえてないよ。気のせいだろ‼」と終わらせたいところなのだが、実は俺の耳にも聞こえていた。パキンパキンと枝を踏みながら歩くような音、人がゴソゴソッと歩くような音が聞こえた。そして物音は近づいてきていた。

「誰かいませんよね?」

内田が不安げな表情で聞く。

霊的なものが近づいてきているのだとしたら怖いが、人間が近づいてきているんだとしてもそれはそれで怖い。人じゃなくて熊だったとしたらもっと怖い。

俺はブンブンと妄想を振り払った。

他に何かないかと近くを探索すると、森の上の方に鉄骨の建物を見つけた。

そこに行く道は見当たらないが、建物と反対方向に廃れた階段を見つけて下りると、開けた場所にたどり着いた。

皆口が言う。

「これさ、ここが駐車場だったんじゃない？　だとしたら、あの階段を上っていった先がイノチャン山荘……」

来た道を戻り、階段を上る。そのまま山の斜面を登っていく。雨が降り始める。蜘蛛の巣がすごい。しばらく歩いてもたどり着かず、俺の心はすっかり折れかけていた。

そのとき、目の前に大きな建物が現れた。

「うわあ……すごいぞ!!」

皆口が興奮気味の声を出した。

おそるおそる中を覗き込むと、壁はボロボロに崩れて、板はむき出しになっている。天井には穴が空き、床には瓦礫が積まれていた。経年劣化で崩れた部分もあるだろうが、多くは招かざる侵入者によって破壊されたようだ。
何十年分の埃が溜まっているし、無数の蜘蛛の巣が張られている。

ただ、部屋が多数並んでおり、まさに山荘といった雰囲気だ。

「ここですね……」

長尾がつぶやく。

「気持ち悪っ。入りたくない!!」というのが、正直な感想だった。

それでもずっと建物の前に佇んでいるわけにもいかない。ちょうど雨足が強くなってきて、急かされるように建物内に入った。

室内はかなり臭かった。

「木じゃないですよね？　何の臭いだろう」

内田が言う。俺も臭いをかぎながら、答える。

「生乾きの臭いかな。雑巾の臭い」

室内は常に吹きさらしになっている。様々なものが朽ちたり、カビが生えたりしているのだろう。

建物は外から見るよりずっと大きかった。

とても長い廊下が奥まで延びており、部屋が並んでいる。8部屋ほどはありそうだった。どの部屋もボロボロになっていて、どういう造りだったのかはよくわからない。ただ、どれも同じ造りのようだ。

ふと見ると長尾が足で床を擦っていた。

「床の方に何か見えたんだけど、文字かな。床に案内みたいなものが書かれているのかな」

「廊下の床の素材、コンクリートって冷たい感じ……しません？　ちょっと」

皆口が聞いてきた。

たしかに山荘の床が、コンクリートむき出しというのは少し違和感がある。

山荘と言えば、木製の廊下だったり、たとえコンクリートであったとしても暖色の絨毯が敷かれていそうなものだ。山荘というより、研修所、合宿所、という感じがする。

俺は、研修生が緑色のスリッパを履いて、ペタペタと廊下を歩く様子を想像した。

「入口も、なんかすごい業務的というか……」

長尾の言葉に皆口も頷く。

「たしかに宿として営業するんだったら、なんでこんな森の中に建物建てるの？」

そもそもここに宿泊する人たちは何をしにくるのだろう？

こんな山奥に泊まったって観光する場所なんてない。だったらここに来ること自体が、目的だったのかもしれない。

「ここは山奥にある研修施設で研修を受けるために人が集まってきていた」という仮説の方が受け入れやすい。

ファーストシーズンで足を運んだ「ダイアナ研究所」をふと思い出した。

さらに廊下の奥に向かって建物内の探索を続けると、廊下の一部が燃やされていた。おそらく落書きをしたり壁を破壊したりした侵入者がおもしろ半分で火をつけたのだろう。いたずらの延長線上で、放火をしてしまうという精神が怖い。

心霊スポットを巡っていると、そういう行為をノリでやってしまう人がたくさんいることを嫌でも知ることになる。

突然、皆口が声を上げた。

「うわーちょっと待ってちょっと待って、盛り塩ありますけど……」

全員の顔が恐怖で引きつる。そしてその驚きが収まる前に、手すりの上に線香が置かれているのを長尾が発見した。よく見ると、盛り塩の隣にも線香がある。心霊スポットのディープゾーンに来ると、盛り塩や線香が手向けられていることはよくある。何度見ても気持ちが悪い。

ふと、落書きや放火をした犯人がいたずらしたのではないだろうか？　とも考えた。だが、だいぶいたずらの方向性が違う気もする。

盛り塩も線香も古いものではあったが、何十年も前のものには見えなかった。ひょっとしたら今でもこの施設に弔いにくる人がいるのだろうか？

「これ以上先に何かがあるのか、向こうから来るものを何かするためなのか。ここが何か境界線みたいな感じだと思うんですよ」

長尾が不吉なことを言う。


その先にはトタンの天井がある渡り廊下があったが、少し進んだところでバッツリと廊下が切れていた。

崩落したとかではなく、意図的に取っ払ったようだ。渡り廊下から下を覗くと、5メートルくらいの高さがある。落ちたら死なないまでも、大怪我をするだろう。

すでに途中まで解体していたということだろうか？　解体の途中で工事が中断されることはままある。解体するにもお金がかかるから、資金が尽きてしまったらそこで放置される。土地に価値のない田舎の場合はそのまま廃墟、廃屋になりやすい。

渡り廊下から見下ろしたところに、建物があるのを見つけた。まだ足を運んでいない建物だった。

「回り込んで行けるかもしれないですね」

皆口が言う。

こちらの建物はだいたい見てしまったので、大浴場があるとしたら向こうかもしれない。

噂では「山荘のオーナー夫婦は大浴場で殺害されて、その血痕はいまだに残っている」という話がある。この話の真偽はともかくとして、大浴場が鍵になる場所である可能性は高いだろう。

あの建物に向かおう……と思っていると、皆口が言った。

「わっ！　地震じゃないですか？」

たしかに足元がグラグラと揺れている。だが地震ではなく、渡り廊下が揺れていた。よく考えたら、途中で切れている老朽化した渡り廊下の端っこに、四人も集まっているのはとても危ない。崩落したら、全員死亡のバッドエンドになってしまう。

自分たちの置かれた状況に気づいたら冷や汗が吹き出した。ゆっくり橋を揺らさないように、一人ずつおそるおそる引き返した。

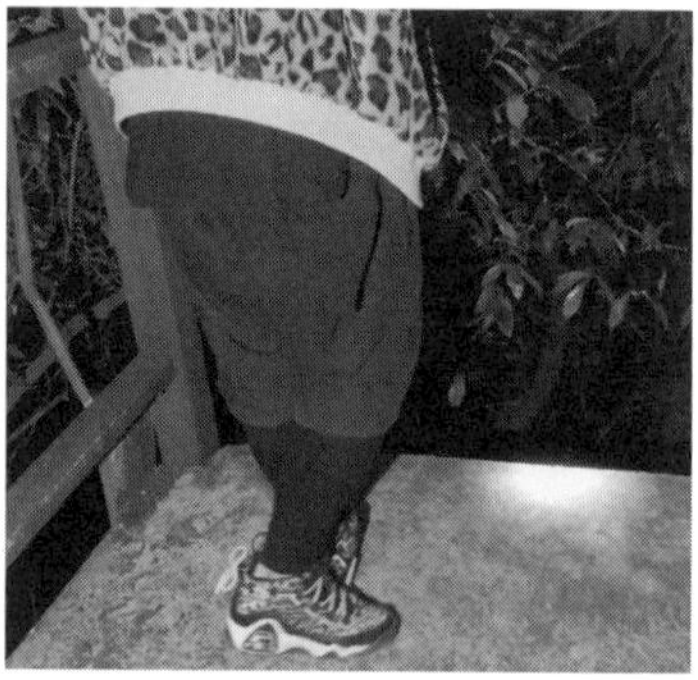

一旦、施設から外に出て、渡り廊下から見えた建物の方向へ向かって歩き出した。

段々と雨が強くなってきた。ジワジワと体が冷えていく。

迷わずにたどり着くことができた。そこは想像通り、大浴場だった。大浴場といっても殺風景で簡素な造りだった。男女にわかれていて2畳ほどの脱衣所がある。浴場内にあるのは四~五人が入れそうな大きめの湯船だけだ。

やはり、旅館という感じはしない。

草木が茂っていて正面入口の方には回り込めないので、窓から中に入ろうということになった。「入る必要ある?」という俺の言葉はもちろんスルーされた。

壁を見ると、白地に赤色が点々と残っていた。その他の壁にも赤い色が見える。

「山荘のオーナー夫婦は大浴場で殺害されて、その血痕はいまだに残っている」という話を思い出したが、もちろん血液が何年も赤いまま残るはずがない。おそらくもともと赤いペンキを塗ってあったのがほとんど剥がれてしまったのか、白いペンキが剥がれて下地に塗られていた赤いペンキが現れたかのどちらかだろう。

「大浴場には血痕がまだ残っているっていう噂は、もしかしたらこの壁で誇張された噂というか、できあがった噂かもしれませんね……」

皆口が言う。

「噂ってよく歪曲されるので、壁が赤かったからそういう噂になってしまって、ここでは実際に何もなかった……もしその事件があったならば、ここではない可能性は高いかなと思いますね」

長尾が話した。


大浴場を見ても、噂になっている殺人事件の具体的な痕跡のようなものは見つけられない。それならば、なぜ殺人事件の噂が囁かれるようになったのか。

この廃墟は一部だけ解体されて、それ以外は何十年もそのままになっている。真実はわからないが、やはりオーナー夫婦に何かあったのかもしれない。

「とりあえず、その噂の根源っていうのはわからないんですけども、このイノチャン山荘はここの大浴場が一番ヤバいっていうのは、どこを見てもそういう情報が出てくるんですよ。なので、ちょっと……」

皆口がジッとこちらを見ていた。

「や、やだ」

俺は反射的に拒否した。皆口は俺の否定など全く耳に入っていない様子で続ける。

「とりあえず定点カメラで落合さんの様子を30分間撮影しますので、一体何が起こるのかを、ぜひカメラに記録していきたいなと。30分間、よろしくお願いします！」

「いや本当、車にはマジで行かないでよ。いや、返事して？」

俺の言葉は無視されて、結局暗い廃風呂の中で30分間の実証実験が始まった。

実証実験は、30分間一人で心霊現象が出るという噂のある場所に滞在し、怪奇現象の撮影を試みる、というものだ。暗い場所に一人で置いていかれるのは本当に怖い。ここ数時間ずっと「この風呂場でよくないことがあったらしい」と聞かされ続けてきたのだからなおさら嫌だ。

座るものを探すと、風呂用の椅子があった。汚すぎて座りたくないが、背に腹は代えられない。

ふと風呂の壁を見るとヤモリだかトカゲだかが張り付いていた。どうにもヤツらの動きが気になった。「近づいてきたら嫌だなあ」と思っているうちに30分は過ぎた。

実証実験はファーストシーズンから何度もやらされてきたが、全く慣れない。

実証実験が終わると、結果もろくに聞かずに、オーナー宅を探そうということになった。俺が爬虫類とにらめっこをしている間にみんなで相談をしていて、「ここがゴールみたいになっているけど、オーナーの住まいが別にここの近くにあるんじゃないか？」という話になったらしい。

管理者であるオーナー夫婦が山荘に滞在していたとは考えにくく、大浴場で殺害されたというのはあくまで噂。殺害されたとしたら、オーナー夫婦が普段いる場所、オーナー夫婦の家なのではないか、ということだ。

タブレットPCで上空からの映像を改めてチェックしたが、木々に邪魔されて見つけることはできない。

「もし、オーナーがいたとして、そんな遠くないと思うんです。何かあった際にはすぐ行けるような場所にあると思うんですね」

内田が予想する。

俺は相談に加わっていないので、よくわかっていなかったが、とりあえず頷いた。

とにかく行きにたどってきた水路をさかのぼる。途中どこかに新たな道があったなら、その周辺を探索してみよう……という行き当たりばったりの作戦だった。

だが運がよいことに、5分ほど水路に沿って歩いた場所で長尾が通路を見つけた。そしてその先に進んでいくと、プレハブの建物が現れた。ただし民家には見えない。納屋、倉庫のような雰囲気だ。長尾が建物の裏手に回る。

この建物に隣接して、民家が建てられているのを発見した。

髪の毛が青い長尾だが、顔色まで青くなっていた。

「こわ……玄関ありました」

ボソリとつぶやく。

開けっぱなしになっているドアから部屋の中を見ることができた。黒電話、時計、花瓶などの大量の家財道具がめちゃくちゃになって床に落ちていた。

靴箱を見ると、スニーカーなど履き古された靴がギュウギュウに詰め込まれている。

「尋常じゃない量あるよ、靴……」

室内はひどく散乱している。

「物置いていかなきゃいけない状況っていったら……」

「だよね……」

内田の言葉に、皆口が答える。

靴箱を見ながら、ふいに内田が言った。

「オーナー夫妻……二人じゃなくて、子供とかもいたのかね。靴箱だってほら、たぶんサイズ的にも子供の靴とかもあるでしょ？」

長尾も奥を探索しながら、声を上げる。

「こっちも衣装ケースの中にめちゃめちゃ洋服入ってるのがあります」

「うわ……本当だ」

皆口が近づき、驚きの声を上げる。

俺はどうにも室内に入る気力がわかず、皆口と長尾がおそるおそる探索するのを、内田と玄関のところから眺めていた。正直相当引いた。

数珠や仏具、哺乳瓶などを見つけて、長尾のテンションはますます落ちている。

「引っ越しとか、夜逃げすらもちょっと考えにくいですよね……」

長尾は実は、俺にも勝るとも劣らないくらいの怖がりなのだ。

「もう、いいんじゃないですか？　この部屋は触らなくて……触らない方がいいかなと思いますね……」

絞り出すような長尾の一言を機に、退散することにした。

ここに住んでいたのは、イノチャン山荘のオーナー家族だったのだろうか？　山荘は解体工事が途中まで進んでいた。解体の途中で一家が消えてしまったのだろうか？

想像はできるけれど、なんの手がかりもないから、ただの推測になってしまう。

けれど、この家に何かがあったのは間違いないだろう。


エンディングの撮影をするために、もと来た道を進む。

その途中、皆口が突然聞いてきた。

「そういえば落合さん、『沈む沈む沈む』みたいなこと言ってたの聞こえましたけど、何か使えそうなシーンですか？」

俺は全く身に覚えがなく、

「何？『沈む沈む沈む』って？」

と聞き返した。皆口は意外そうな顔をする。

「『沈む沈む沈む』って言ってたでしょ？　仏具について話しているときにずっと」

俺は「言ってねえよ」と強く言い返した。冗談で言ってるのか？　と少し腹が立った。


その後、エンディングを撮影した。最後に見つけた廃屋があまりに怖すぎたから、ゾゾゾポイントは最高の5をつけた。

賑やかしで来たはずなのにすっかりテンションの下がってしまった長尾を連れて、イノチャン山荘を後にした。

とにかく3〜4時間は撮影をしていたので疲労困憊していた。1時間ほど運転して今日宿泊するホテルへ移動する。何か美味いものでも食べたいところだが、もう夜も遅く、コンビニくらいしか開いていなかった。そして俺たちはそのまま特に観光せず、コンビニ飯以外は何も食べず、東京へ帰った。

しばらくして動画が公開される日になった。

ゾゾゾでは実は出演者も公開まで完成動画は一切見せてもらえないが、このときはめずらしく、公開前に皆口が言ってきた。

「今回は終わりがいつもと一味違いますよ」

動画を見ると、最後には皆口が、

「そういえば落合さん、『沈む沈む沈む』みたいなこと言ってたの聞こえましたけど……」

と話しかけてきたシーンが使われていた。

こんなシーンなんで入れたんだ？　と思った直後に、俺は総毛立った。

それは、最後に見つけた廃屋で、長尾が室内に残された仏具を見ながら話している場面だった。

「沈む沈む沈む」

つぶやく俺の声が聞こえたのだ。

小さく生気がない声だが、紛れもなく俺の声だった。自分の声だから、不思議だし、とても怖い。

このとき、部屋を探索する皆口と長尾の5メートルほど後ろの玄関に、俺と内田が待機していた。

廃屋の玄関に立ち、俺はなぜ「沈む沈む沈む」とつぶやいたのだろうか？

俺の声だから、俺が声を出したのはたしかなのだろうが、そのときの俺が何に対して「沈む」と言ったのかは全く思い出せなかった。

俺はこの動画は公開日に1回見ただけでそれ以来見ていない。

自分の

「沈む沈む沈む」

と言う声が怖くて怖くて、とても見ていられないのだ。

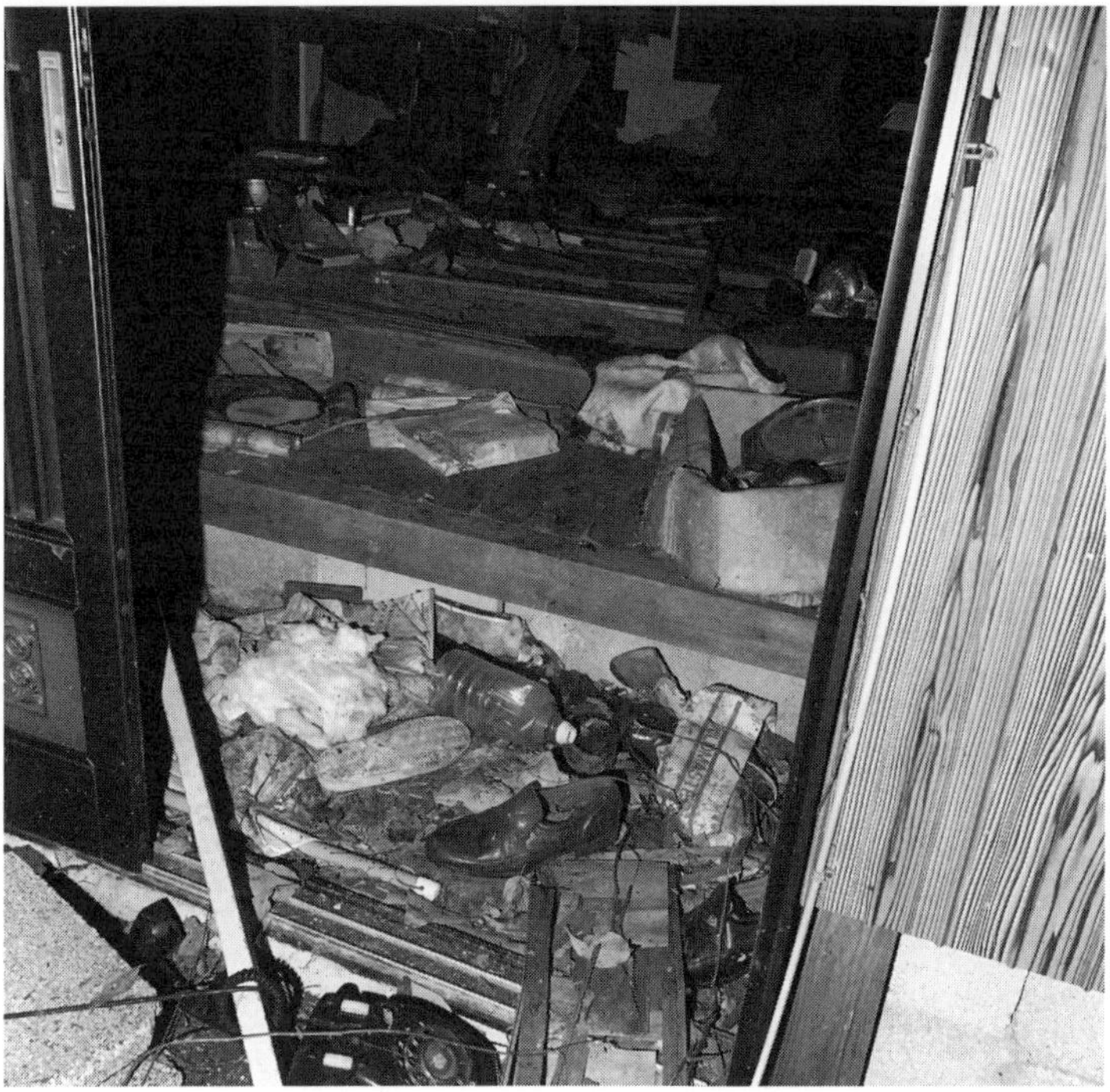

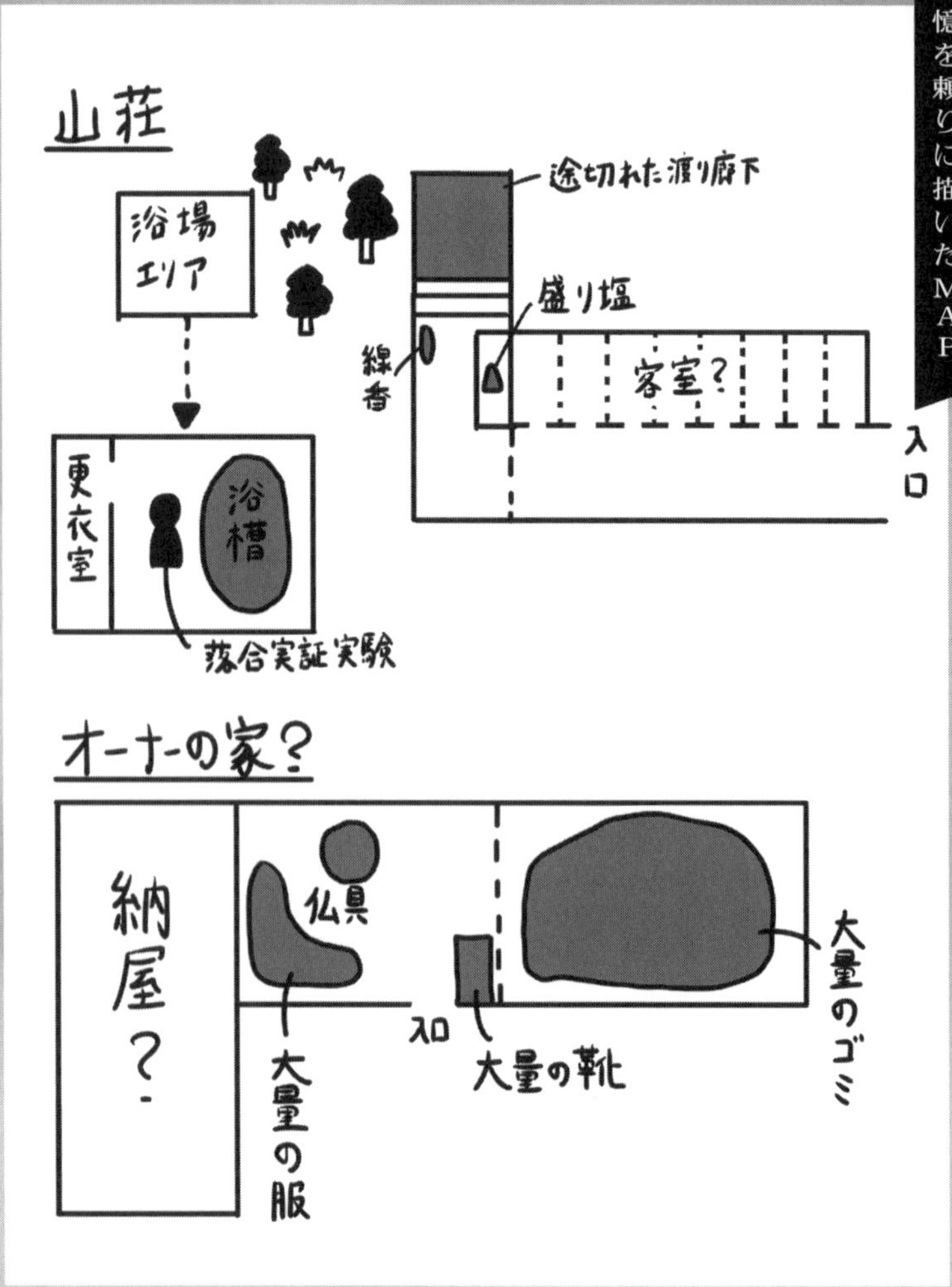

※実際のものとは違う可能性があります。

OFF SHOT

実証実験現場で撮った1枚。
張り詰めた空気に全員の表情が険しくなった。

2章

赤《あか》い部屋《へや》

黒電話にまつわる不気味な噂の真相とは?
封印された心霊スポット、解禁!

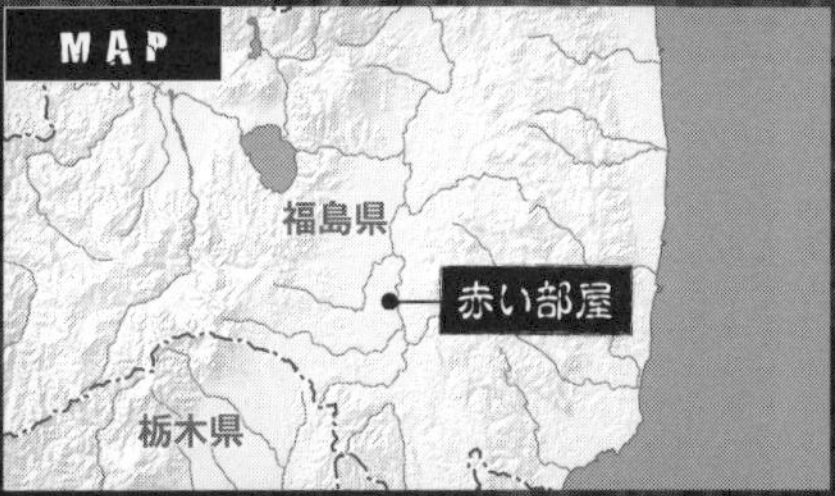

　赤い部屋は地元で非常に不気味がられている廃アパートである。3階建て12世帯が住める構造で、1990年代まで居住者がいたらしい。一室から赤いブラインドが見えるため、赤い部屋と呼ばれるようになった。
　噂では、赤い部屋に住む一家が無言電話に悩まされてノイローゼとなり、心中をしたと言われる。この部屋にはまだ黒電話があり、廃墟となった今でもベルの音が鳴ることがあるという。

知名度	C	（まだ有名になっていない謎多きスポット）
恐怖度	A	（雰囲気がヤバい。呪われそう）
ゾゾゾポイント	4	

夕方の池袋に、内田、山本、皆口のゾゾゾメンバーで集合し、福島に向けて出発した。スペシャルゲストの長尾は都合が合わず、欠席らしい。山本はセカンドシーズン第5回で初登場した新スタッフだ。童顔に見えて実は俺と同年代で、五人の中では年長組になる。動じないタイプなので、いてくれると安心感がある。

もちろん今日も俺の運転で現地に向かう。

今回もかなりの遠征だ。最近は朝帰りが増えて、奥さんの視線が痛い。今回もここに来ることは伝えていなかった。ゾゾゾが原因の「ゾゾゾ離婚」になったら洒落にならない。後で申し開きの電話を入れておこう、と思った。

日がとっぷりと暮れた頃に、現場近くに到着した。内陸部の田園が続く田舎だったが、目的地近くにはポツポツと人家が建っていた。ゾゾゾのスポットとしてはめずらしい。

近所の人とすれ違ったので、「怪しい人じゃないですよ」とアピールしながらニコニコと挨拶した。……余計怪しかったかもしれない。

今回のスポットは一目見て、ヤバいとわかる。とにかく古くてボロボロなのだ。

アパートのすぐ隣は、小学校だった。生徒たちは毎日この前を通らないといけないようだ。怖いだろうなあ、と少し同情する。

いつも通り、内田が場所の説明を始めた。

「ゾゾゾでは、はじめてのアパートですね」

言われてみればそうだ。今まで足を運んだスポットは、神社、ホテル、ストリップ劇場など基本的に人が住んでいない施設ばかりだった。

ただ、今回のスポットはアパートというよりは団地っぽい建物だった。もちろん今の洒落た団地ではなく、ゴリゴリの昭和っぽい団地だ。

「ここは福島県で有名な『赤い部屋』と呼ばれている心霊スポットです。窓枠から不気味に朽ちた赤いブラインドが見えるため、赤い部屋と呼ばれています」

そう言われて改めて廃墟を見たが、赤いブラインドは見当たらなかった。

「噂では、上階に住んでいた一家の子供の泣き声が原因で、下の階に住む男性がノイローゼになり自殺したと言われています。それ以降、一家のもとに連日無言電話がかかってくるようになりまして、一家は次第にノイローゼとなり、一家心中してしまった……と言われています。それ以降、このアパートは廃墟となり、赤い部屋からは夜な夜な黒電話のベルの音が鳴る……と言われています」

これまた厭な話だ。ズンッと気分が重たくなる。

「十数年前は、地元では有名な肝試しスポットではあったんですけども、現在は建物の所有者によって全室に施錠がなされ、建物への立ち入りも禁止になっています」

え？　じゃあ俺たちも入れないじゃん。外から見学して帰ればいいのか？

「建物の所有者様にお願いして、今回特別に全室鍵を開けていただきました」

皆口はニヤリと笑うと、高らかに宣言した。

「じゃあさっそく立入禁止のその先へ突撃していきましょう……」

「立入禁止って、危ないから立入禁止なんだからね？」

俺は突っ込んだが、皆口は全然聞いていなかった。


アパートは3階建てで、右棟と左棟にわかれている。階段も左右に2カ所あり、それぞれの棟に6部屋ある。目的地である赤い部屋は右棟、3階の右部屋だと言われる。

まずは左棟に入った。

建物の前には建築資材の入った段ボールがいっぱい積んであったり、古い壊れた軽自動車が停まっていたりしていて廃墟感に拍車をかけていた。

おそらく数十年ぶりにガチャリとドアを開ける。すっかり錆びついて重いドアが、ギギギギッと不快な音を立てる。

「足元、気をつけてくださいね」

皆口が注意する。

おそるおそる室内に入る。室内の空気が澱んでいる。外から見たよりも、部屋は広いことがわかった。天井や床が剥がれたりはしているものの、荷物は何もなかった。

その後、2階、3階にも上ってみた。やはりボロボロだが何もなかった。

少しだけ拍子抜けだったが、廃アパートとしては本来のあるべき姿なのだろう。荷物が大量に残っている方がおかしいのだ。


そして一旦1階に下りて、いよいよ赤い部屋がある右棟を攻略することにした。

「3階が赤い部屋だと言われています。ただ、赤いブラインドが下がっているのをもう何年も確認できていないんですよ。だから、本当に赤いブラインドがあるのかを確認したいです」

皆口が改めてクエストの内容を伝える。

「信憑性もちょっとわからないよね」

内田がやや辛辣な口調で言う。

いやいや、内田の実証実験のときの「音が聞こえた!!」という情報もなかなか信憑性がないよ、と心の中で突っ込んだ。

改めて右棟の1階から攻略する。右部屋のドアの前には、まるで侵入を防止するようにブロックと一斗缶が置かれていた。なんとかどけてドアを開けると、玄関付近には大量の荷物があった。

左棟とは様子が違い、ドキリとした。だが、荷物は工事用の機械などで、一般家庭にあるようなものではない。工事道具の物置になっているのかもしれない。廊下を進むと至るところにスプレーで落書きがしてあったが、それもずいぶん色褪せていた。布団など、家財も少し残っている。

部屋の奥を覗き込むと、椅子の上に埃まみれの黒電話が置かれていた。

「うわうわうわうわ……気持ち悪……」

胸がドキリとする。「一家のもとに連日無言電話がかかってくるようになり……」と、今回の噂には電話がからんでいるからだ。

「これ、噂の黒電話ですか……?」

皆口の言葉に顔を見合わせる。

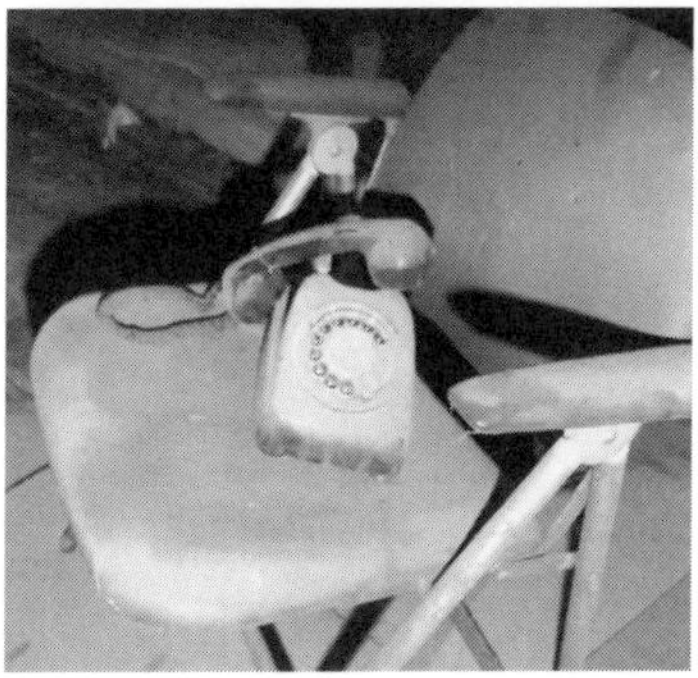

とりあえず1階の探索はこれくらいにして、2階へ進むことにした。

2階の右部屋のドア横に、赤いスプレーで矢印が書かれていた。赤い部屋はこの上のはずだが、なんだか嫌な気持ちになる。

ここのドアはまたことさら重たかった。ギギギギッとこじ開けると、玄関に壊れた電話が転がっているのを見てギョッとする。こちらは白い電話だ。誰かが放り投げたのか、壊れている。

ドアの内側には

「ここに誰かすんでいますか？　1999.10.12　A子」

とマジックペンで落書きされていた。

「20年も前ですよ、もう……」

山本がつぶやいた。

この部屋は先程までの部屋とはあからさまに違った。窓にはカーテンがかかり、室内には冷蔵庫、炊飯器、ストーブ、扇風機、鍋、食器類などが、大量に残されていた。アルバムや古い雑誌などもあり、部屋から、人がここで生活していた気配がヒシヒシと伝わってくる。

「シャンプーとかも残ってるんですよ……」

風呂場を見た山本が苦笑いで報告する。

奥の部屋へ進むと大量の布団が散乱していた。思わず声が出る。

「すごいな……これ」

布団は湿気ってカビが生えて腐っている。

「昔はもしかしたら溜まり場になってた？　遊びにきた人の……」

皆口の言葉に、そうなのかもしれない、と思った。

「ねえねえ、皆口くんさ……ビデオテープが落ちてるんだけど」

「あ、ＶＨＳですね」

内田が懐中電灯で照らしたところには、懐かしのＶＨＳテープがあった。皆口が拾いあげるが、タイトルは書かれていない。

とりあえず持っていくことにしたようだ。

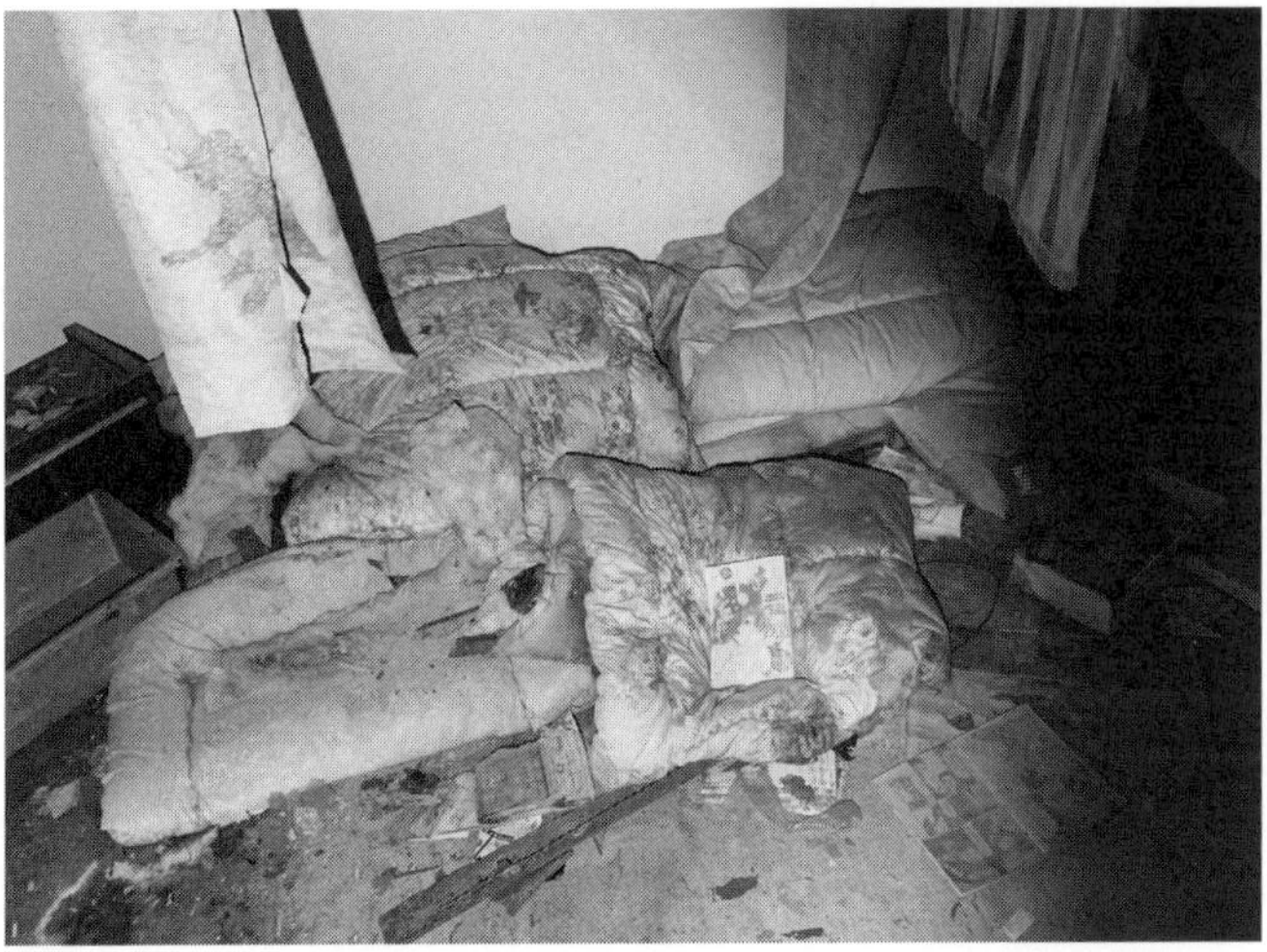

とても怖い雰囲気だったが、現場はここではなく、もう一つ上の階だと言われている。いよいよ本丸の3階に進み、赤い部屋と呼ばれる右部屋の前に立つ。ドアの右端はなぜか黒ずんでいた。

ドアを開けようとしたが……開かなかった。

内田に代わってもらうが、やはり開かない。山本が左部屋のドアを確認するが、こちらも開かなかった。

「全部開けてもらったはずなんですけど……あれ？」

皆口が戸惑った声で言う。押しても引いても開かない。ふと横を見ると、屋上に出るためのハシゴがあった。天井には丸い穴が空いている。

「屋上に上がって、スポッて室内入れないですもんね……？」

「馬鹿か？」

俺の目を見ながら問いかけてくる皆口に、冷静に答えた。

しかし、目的地に入れないのは困った。さすがにこのまま帰るのは、中途半端な感じだ。みんなが唸っていると山本がつぶやいた。

「ベランダから行けるとか？」

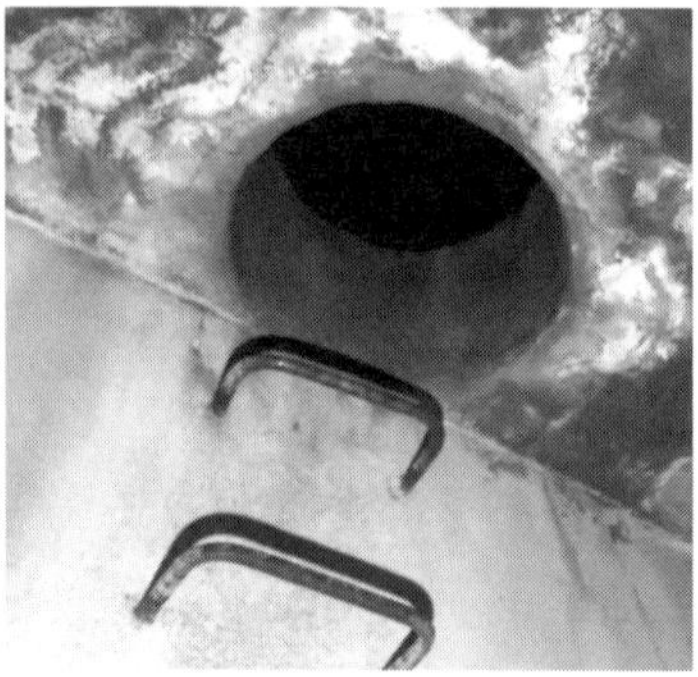

そういえば、さっき探索していたときに、3階の左部屋で山本がベランダのドアを開けていた。建物の構造を思い出してみる。左棟と右棟のベランダが繋がっていれば、ひょっとしたらベランダを通って赤い部屋に入ることができるかもしれない。

俺たちは慌てて左棟に戻った。3階の左部屋のベランダから右棟側を見てみると、人がギリギリ通れる穴が空いていた。

山本のナイスファインプレーだ!!

俺は慎重にベランダを通り抜け、一番奥の目的の部屋まで進んでいった。

そして部屋の中を見て、絶句した。

続いてきた皆口たちもすぐには声を出せなかった。

部屋はめちゃくちゃに燃えていた。全焼していたのだ。壁は真っ黒に煤《すす》がついていて、柱は炭化していた。壁が崩れているところもあった。

床には、楽譜（音楽の教科書?）や皿、一千万円の手形な

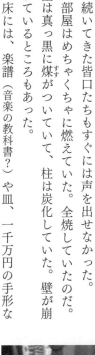

ど、当時の生活を思わせる燃え残りが落ちていた。

「赤い部屋って呼ばれている部屋、たぶん奥なんですよ」

皆口が言い、みんなで赤いブラインドを確認するために進む。

窓を見てみるが、丸焦げで、開けっ放しの窓にはブラインドもカーテンもかかっていなかった。火事で焼けてなくなってしまったのだろうか。


「せっかくなので、ここで赤い部屋の黒電話の噂は本当なのか実証実験で確認していきたいなと思います。落合さん、固定カメラで30分間録画していますので、何か変わったことがあれば電話していただければ」

皆口は言うと、テキパキと三脚をセッティングして暗視カメラを回し、とっとと去

っていってしまった。

この部屋が噂の赤い部屋であるかどうかはともかくとして、こんな火事があった場所に残されるのは嫌だ。めちゃくちゃ嫌だ。

暗い中一人取り残され、改めて部屋を見ると、残されたものがたくさんあるのがわかった。洋服ダンスや、布団も転がっている。ただし肝心の黒電話は見当たらなかった。

30分経ったが、意外なほどに何事もなかった。

黒電話どころか一切の音はしなかった。


合流して、エンディングトークを撮ることになったが、皆口はなんとなく納得いかない様子だ。

「黒電話、1階にあったじゃないですか？　3階の黒電話が赤いブラインドとともに焼失したのなら、1階に置かれた黒電話は別物ってことですよね？」

なんだかややこしい話になってきた。

「1階……もう1回見てみません？」

みんなで1階に戻り、椅子の上に置かれた黒電話を見ながら少し振り返って考えてみる。


ここで囁かれている噂はこうだ。

・3階の赤い部屋では一家心中があったそうで、黒電話のベルが鳴るという噂がある。
・下の階に住む男性は一家の子供の泣き声が原因でノイローゼになり、自殺した。
・男性の自殺後、一家のもとに連日無言電話がかかってくるようになった。

もし3階の右部屋が赤い部屋だとすると、その下の2階か1階が自殺した男性の部屋だったということになる。普通に考えたらすぐ下の2階に男性が住んでいたはずだ。しかし黒電話があったのは1階だった。


「一家に連日無言電話がかかってくるようになり……」

この電話をかけたのが、1階の黒電話だと仮定してみる。

もちろん、男は死んでいるわけで、死んだ男がかけるのにリアルな黒電話が必要かどうかはわからない。

ただ上の階の電話がかかってくる側には、リアルな電話機がいる。

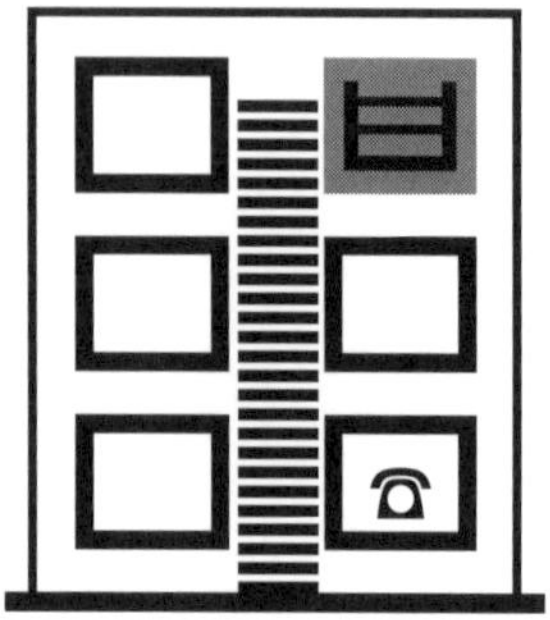

3階…赤い部屋
一家心中の現場、黒電話のベルが鳴るとの噂

2階？

1階？ **…自殺した男性の部屋**

「それ以降、このアパートは廃墟となり、赤い部屋からは夜な夜な黒電話のベルの音が鳴る」

この噂から考察すると、もう1台、かかってくる側の黒電話がどこかにあるはずだ。

「2階見てみましょうか、もう1回」

皆口が言って、全員で2階に戻る。

2階の重いドアを開ける。と、写真が落ちていた。さっきまではなかったはずだが、ポストから落ちたのだろうか。すっかりくすんでしまって、よく見えないが、人が写っている。ここに住んでいた人なのかもしれない。

部屋をもう一度見回す。

壁の落書きをよく見ると、漢字で「赤」と書き殴られている。

「現存している状態で言えば、この部屋が圧倒的に気持ち悪いですね。……ここで実証実験やったら、電話、鳴りません？」

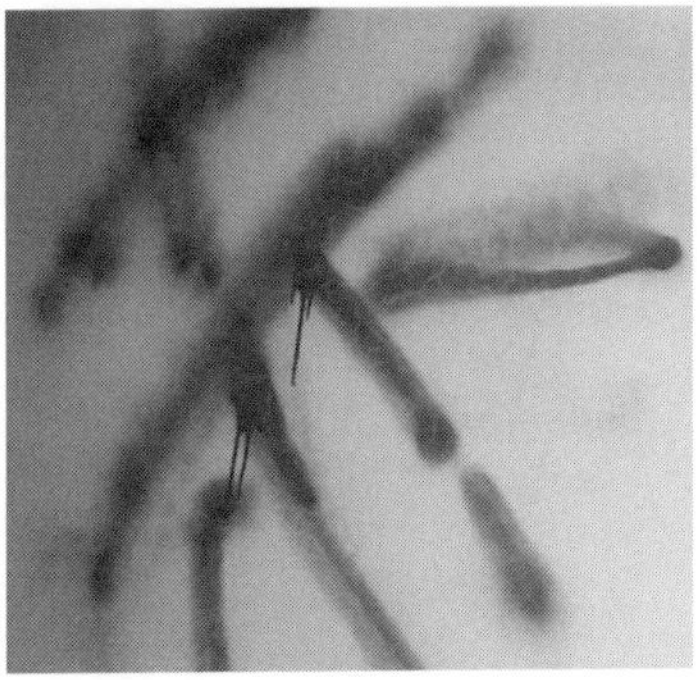

「気持ち悪いけどね……実証実験は、まーくんでしょ」

さすがにまたやらされるのは嫌だったので、俺はすばやく内田を指名した。内田は驚愕の表情をした。

「何かあったら、叫べば来てくれます？」

懇願する内田を、山本は冷ややかな目つきで無言のまま見つめた。

怖がる内田を部屋に置き去りにし、俺たちは階段を下りた。


さて、ちょっと休憩しようかと思ってると、まもなく内田が走り下りてきた。

「何？　何？」

俺は思わず聞いた。いつもビビッた内田に、ビビらされる。

「なんか物音めっちゃした！　カチャンって音がして……鍵を閉めるような音がして。すげえ怖かった!!」

皆口に部屋で起きた怪異を話している。

俺と山本は、冷たい目で内田を見る。

ファーストシーズンの最後に「セカンドシーズンでは、実証実験がんばりたい」って言ってたのに……と思ったが、さすがに言わなかった。

皆口が、興奮する内田をなんとか収める。

「わかった、わかったから。とりあえず、三脚は回収しないといけない……」

心底怯える内田を連れて、四人でまた2階の部屋に戻ることにした。

実証実験中に布団の下からネガフィルムを見つけたと言うので、それも確認する。

内田が指し示した先を見ると、床にネガフィルムが落ちている。光にかざすと家族を写した写真だった。ネガフィルムは布団の下にたくさん埋まっているようだった。

ふとネガフィルムの隣に生えている、黒いコードが気になった。黒いコードは、布団の下に続いていた。

「それさ……ちょっと待って」

皆口の表情も引きつっている。

俺はおそるおそる布団をめくった。

コードの先には〝黒電話〟があった。

全員が叫び声を上げた。

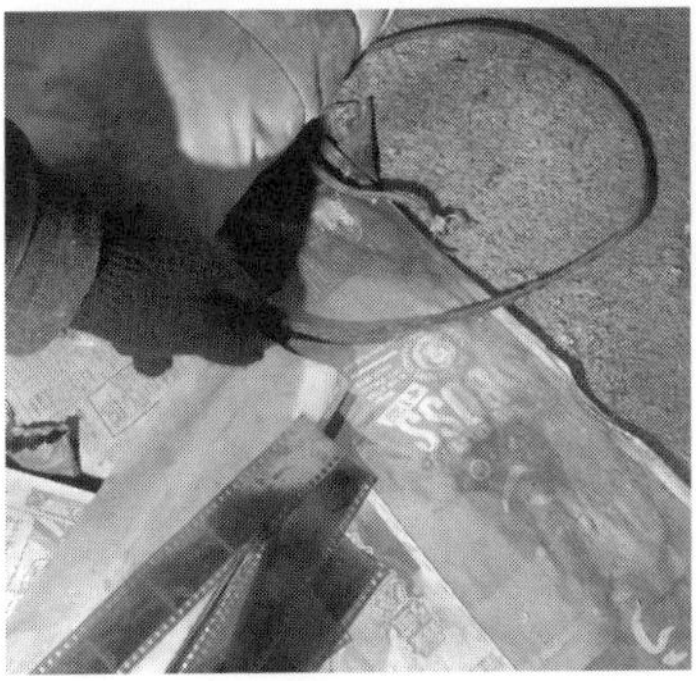

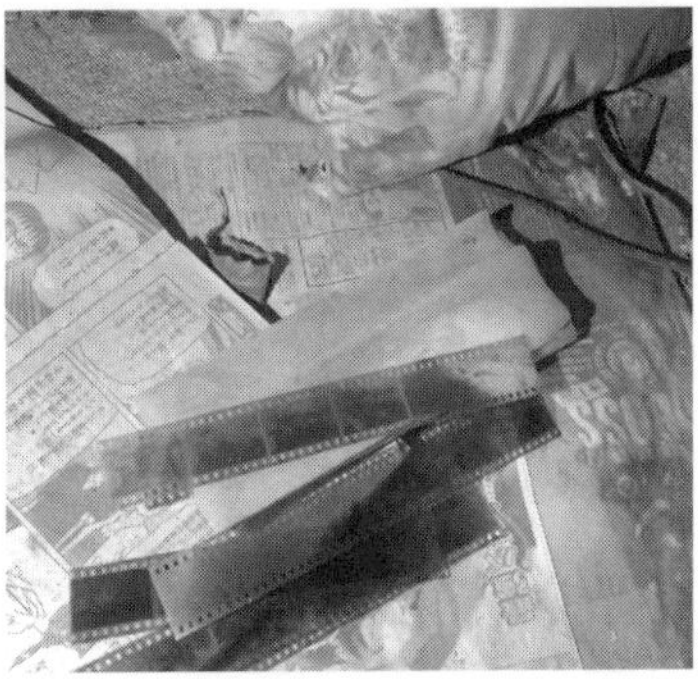

全身に鳥肌が立つ。

「あるんじゃないかな？」と思っていたものが本当にあったとき、こんなに恐怖を感じるのだと知った。

もし、黒電話を内田が一人で見つけていたら、びっくりしすぎて気絶していたんじゃないだろうか？　ただ、「まーくんが聞いた『カチャン』ってさ、布団の中の黒電話の鈍い音だったんじゃない？」と皆口がしきりに推す説は、信じる気にはなれなかった。

2階のドアの横に赤いスプレーで書かれた矢印。

部屋の壁にデカデカとやはり赤いスプレーで書かれた〝赤〟の文字。

もしかしたら、これらはこの部屋こそが〝赤い部屋〟だと示しているのかもしれない。

ゾゾゾポイントは4にした。たしかに怖かったのだけど、一番の恐怖ポイントである2階で実証実験をやらずにすんだのが大きい。

山本が言う。

「思ってたのとは違うところが本丸だったみたいで……内田さんに引き続き、お祓いですか」

「山本さんは大丈夫でしょ？」

内田が笑いながら突っ込む。


俺たちはそのまま日帰りで東京に帰宅した。

そして時が流れ、YouTubeで動画が公開された。

見ていると、最後の部分に俺の全く知らない動画が映し出された。2階の部屋で皆口が拾ったVHSテープだ。

すっかり存在を忘れていたが、皆口は古くなって傷ついたVHSテープを所有者の了解を得て、業者に頼んで修復したようだ。そしてほんのごく一部だけ映像を再生できた。


古いおもちゃのロボットが走り回るのを見て、家族がほがらかに笑い合っている。明るい映像なのに、めちゃくちゃ怖い。ノイズがザーザーと心霊現象のように走る。

そして、その後にすぐ、赤ちゃんが大きく映し出され、

「うわーん!!」

と泣いた。その泣き声が大きく響き渡って、短い動画は終了した。

この赤ちゃんの声を聞いて、下の階に住む男性はノイローゼになったのだろうか?
そしてこの家族は、一家心中してしまったのだろうか?
実際のところは何もわからない。
俺は全身に鳥肌が立っているのを感じた。

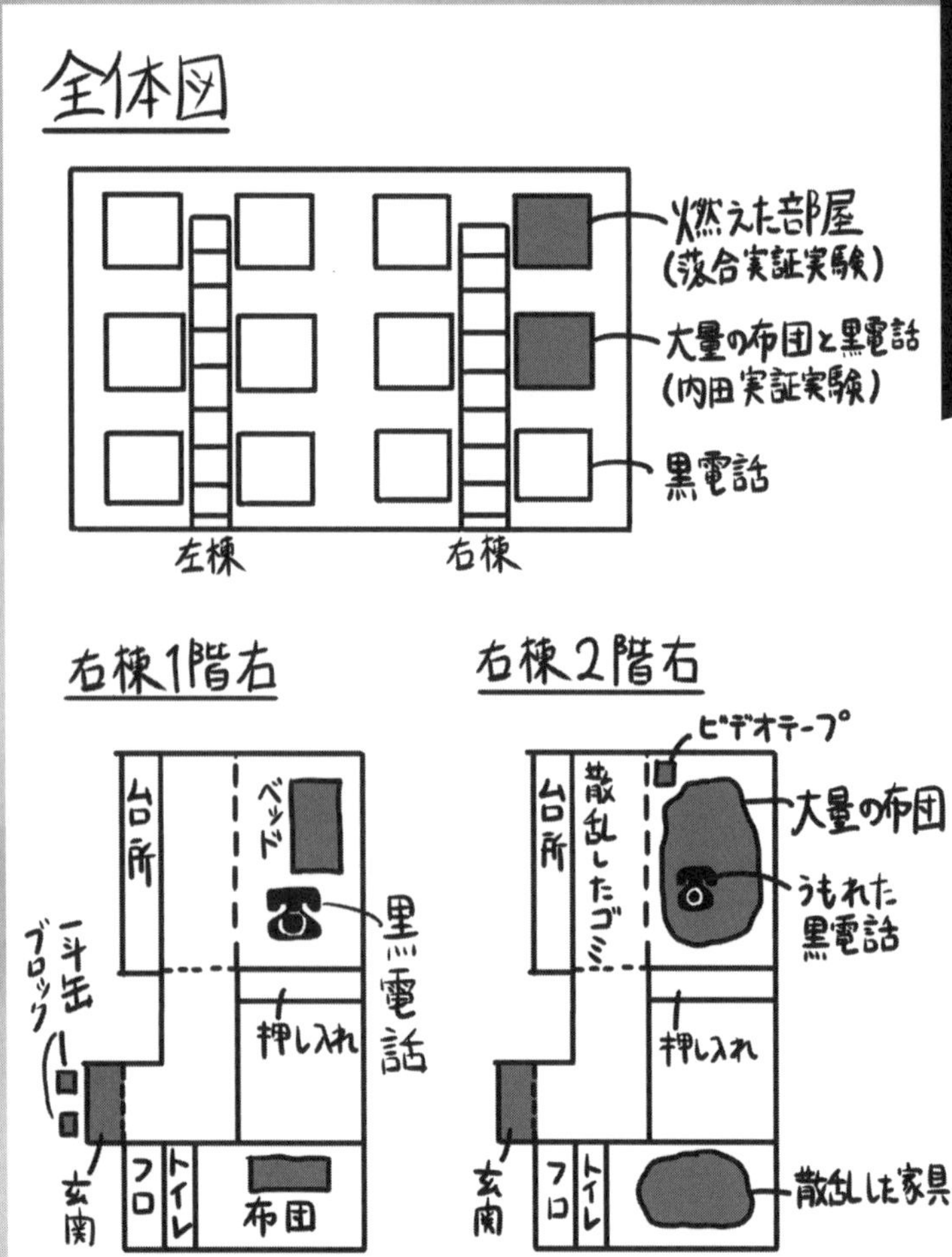

※実際のものとは違う可能性があります。

OFF SHOT

撮影後に建物前で撮った1枚。
底知れぬ恐怖に全員が限界を感じた。

3章

下田《しもだ》富士屋ホテル《ふじやほてる》

呪われた部屋と恐れられる「神子元《みこもと》38号室」に潜入！
廃ホテルで見つけてはいけないモノを
見つけてしまった——。

静岡県屈指の心霊スポットとして多くのメディアで取り上げられた4階建ての廃ホテルで、１９９７年頃に閉業したとされる。部屋数が多く、迷路のように入り組んだ構造となっている。

4階の「神子元38号室」は呪われた部屋として恐れられており、足音や女の声が聞こえるなどの怪奇現象が報告されている。また、建物内にはいくつもの日本人形が置かれており、触ると呪われるらしい。

知名度	B	（地元では有名な肝試しスポット）
恐怖度	A	（雰囲気がヤバい。呪われそう）
ゾゾゾポイント	4.5	

今回も、俺の運転で東京から3時間ほどかけて静岡県の伊豆半島の南部までやってきた。

ゾゾゾの撮影は少し間が空き、みんなとは久しぶりに会った。今回のメンバーは俺、皆口、長尾、たけるだ。内田が年1回の健康診断のため欠席で、代わりに応援スタッフとしてたけるが来ていた。

たけると会うのはファーストシーズンの藤原郷以来で、超久しぶりだ。たけるはいつも淡々と撮影していて怖がっている姿を見たことがない。若いが落ち着きがあって、内田より頼れるかもしれない。


俺は、この日めちゃくちゃテンションが高かった。数日前にスクラッチくじが当たったのだ。伊豆半島には漁港がある。漁港と言えば美味い海鮮が食える居酒屋だ。

「とっとと撮影なんかすませて、みんなで一杯やろうぜ!! 大金を稼いだ俺がおごるぜ!!」

そんな気分だった。

オープニングの撮影が始まり、たけるがスポットの説明をする。

「『下田富士屋ホテル』は、静岡県で有名な心霊スポットで、幽霊ホテルとしてテレビでも多く取り上げられている」

ゾゾゾで取り上げるスポットは人通りの少ないさみしい山奥にあることが多いが、このホテルがある場所は国道沿いでけっこう車通りがある。そして目の前は海のため、あまり閉塞感はない。

「4階にある『神《み》子《こ》元《もと》38号室』は呪われた部屋として恐れられており、足音や女の声が聞こえるなどの噂がある。部屋数も多く入り組んだ構造となっており、不気味さも相まって多くの霊現象が報告されている」

本来は「そんなところに入りたくないよ……」と怯えるのがセオリーなのだが、俺はバリバリ高いテンションでからんでいった。三人とも、ものすごくクールに対応してくる。

ゾゾゾの撮影をしていると、「毎回普通のオープニングを撮ってちゃダメなんじゃないか？」と思うことがある。そして、たまに「みんなを困らせたい!!」とも思う。まさに今日がその日だった。

皆口は眉間にシワを寄せて、戸惑いながらも「まあ一旦泳がせてみるか」という顔をした。

長尾はずっと困った顔をしている。まあ長尾は基本的に困った顔をしているキャラクターだからいいだろう。

俺はとっとと撮影を終わらせたいという気持ちもあり、

「一人で行ってくるよ!!」

と大見得を切った。そのままの勢いで、ホテルの玄関に向かおうとする。

「落合さん、勝手に入るのやめてもらっていいですか？」

　皆口に止められ、今回のミッションを説明される。

「神子元38号室という場所が呪われた部屋として非常に恐れられているということなので、そこで1枚だけお写真撮ってきてもらっていいですか？」

　俺はいつものデジカメを持参している。さらに正面を撮るカメラと自撮り用のiPhoneを渡された。

「で……どこ？」

「あの……話、覚えてます？」

　やや怒っている皆口を残し、俺は単独で潜入した。


　もう何十年も放置されているらしく、入口周りの観葉植物はやたらと成長してジャ

ングルのようになっていた。

玄関のガラスは割られ、無残に散らばっている。

俺は自分のテンションが急激に下がっていくのを感じた。

だが、今更引けない。

勇気を振り絞ってホテルの中へ入った。

エントランスには、ズラッと日本人形が並んでいた。おそらく侵入者がいたずらで並べたのだろう。だが日本人形たちが意思を持って侵入を拒んでいるように見えて、ますます気持ちが萎えた。「人形を触ると呪われる」という噂があるそうだが、頼まれたって触らない。


入ってすぐ右の方へ進んでいく。2階に進む階段を上る。階段はボロボロで足場が悪い。

俺はホテル内を細かく探索する気はなかった。大きい部屋があったがスルーを決め込む。一気に目的地である、神子元38号室に到着できたら何よりだ。

だが、ホテルは思ったよりも広かった。そしてとても入り組んでいた。小さい階段がたくさんあるし、崩落してい

る場所や、樹木が部屋を貫いて生えていて先に進めない場所もあった。まるで『ウィザードリィ』とか昔ながらの3DダンジョンRPGのようだ。

3階にいるような気がしていたが、「弁天島21」という部屋を発見した。2階なのか……？さらに階段を上っていったが、「弁天島26」という部屋にたどり着く。なんでまだ2階なんだよ……。

階段を上がったり下りたりしているうちに、自分が何階にいるのかわからなくなってしまった。すっかり迷ってしまい、諦めて待機組に電話をした。

電話が繋がり、「迎えにきて」と言おうとしたとき、何か激しい音がした。

俺は顔面蒼白になって音がしてきた方を見る。だがそこには闇が広がるばかりで、音の正体は見えない。

音は電話の向こうにも聞こえていたらしい。

「今の何の音ですか？」

長尾が聞いてきた。何の音かなんて、俺だってわからない。

再び、

「ギャギャギャギャッ!!」

と音が鳴る。

「何の音? 何の音? これ」

俺は軽くパニックになった。

「戻ってきてもらって、オープニングから取り直しでもいいかな……と思うんですけど。戻って……こないですか?」

皆口が怒りを抑えた口調で言う。

まあお怒りもごもっともだが、戻るといったって、どうやって歩いてきたのかもはや覚えていない。するとそのとき、さらにすごい音が聞こえてきた。

「ギャアアギャアアギャアアギャアアギャアアギャアア!!」

獣の威嚇する声のようにも聞こえる。だとしたら、ウロウロして暗闇から突進されてぶつかるのが一番怖い。

「ちょっと……本当にごめん! とにかく来てくれ!!」

皆口に頼み、俺自身も思い出せる限り来た道を戻ることにした。

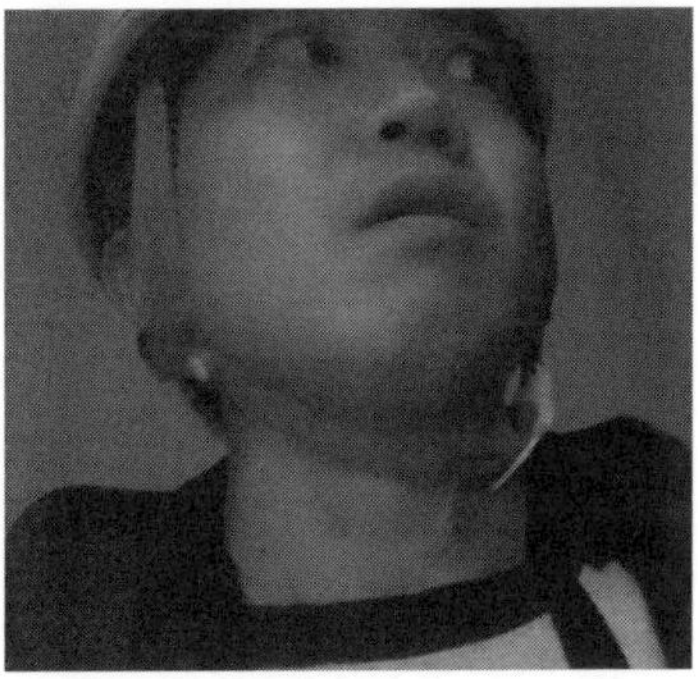

「こんなタイミングで入るつもりじゃなかったけど……」

皆口は不満を言いつつ、三人揃ってホテル内に入った。

至るところに置かれているという日本人形が、玄関に集められている。壁に飾ったままになっている賞状を見ながら先に進む。

「こういうのって大事にするはずですけどね……」

長尾が小声で言った。このホテルに当時、何があったのだろうか。


小走りで戻り、無事入口に近いところで合流した。俺はホッとしたが、皆口たちの表情はなんとも冷めた顔をしている。

「わかるよ、わかる、わかるけど、見てきてほしい。俺がいた……広い部屋」

四人で戻ると、そこは宴会場のようだった。

腹立たしいことに、合流した途端に、先程までの音がピタリとやんだ。

「さっきまで、すごい音が聞こえてたんだって!!」

「激しい音は……鳴らないですね」

皆口が冷たく答える。たけるの目が懐疑的だ。イラッとするが、音が鳴っていた証明もできない。

宴会場は床が腐っていて入れないので、気を取り直して、改めて神子元38号室を探し始めた。

俺は先程の動物の咆哮で完全に心が折れていた。戦闘力は0になり、ただただ無言でみんなの後をついていった。

ファーストシーズンの「信州観光ホテル」ほどではないが、このホテルも謎の増改築が多い。その上、床が崩落しているところもあり、なかなか目的の方向に進めない。とにかく階段が入り組んでいて、しばらく探索を続けると今何階にいるのか全然わからなくなった。

階段を上った先が、行き止まりになっている場所もあって驚く。まるで、廃墟が意思を持って自己増殖を繰り返しているようだ。

この無限回廊のような建物の中で神子元38号室を探し出せるのだろうか？　と不安になってきたとき、長尾が神子元36号室を見つけた。

どういう経路をたどってきたのかわからなくなっているが、とにかく目的地近くにたどり着いたようだった。

「ちょっとなんか……ザワザワしますね、この場所は」

長尾は神妙な顔で言う。

そして、目標にしていた神子元38号室に到着した。

「やっと38号室見つけられたので、張り切って写真撮ってきてください！」

皆口に言われ、戸惑いながらも、自分のデジカメを手に持って部屋に入った。

38号室の一番の特徴は、部屋の真ん中あたりの畳が腐って大きな穴が空いていることだった。天井も崩れかけている。

たしかに全体的に不穏な空気が漂っている。だが、この部屋だけ腐蝕が異常に進んでいるとか、御札だらけだとか、燃えた跡があるとか、わかりやすい特徴があるわけではなかった。

正直、他の部屋とあまり変わらない。

「……なんで38がダメって言われるのかな？　不思議だな……」

長尾がつぶやいた。

みんな口にはしないが、同じことを思っているようだった。

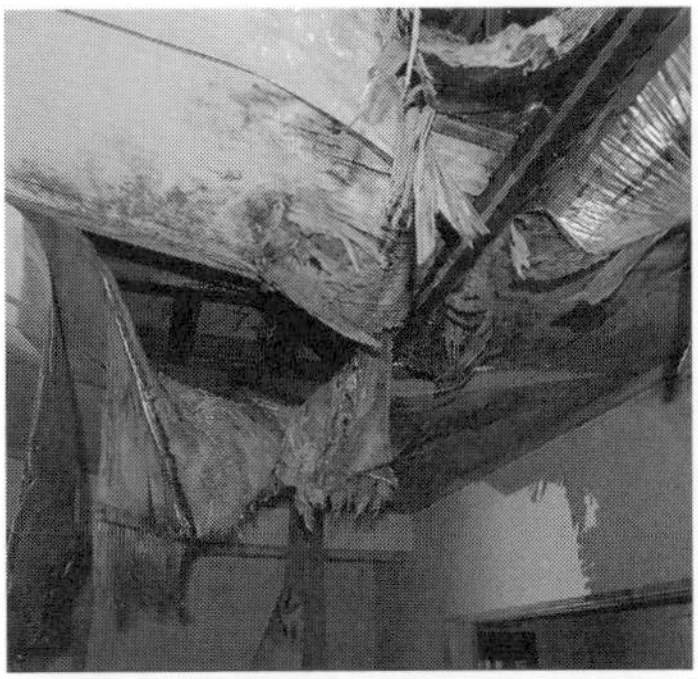

ややスッキリしないものの、目的は達成したので後は帰るだけだ。

突然、皆口が提案した。

「出口集合で二手にわかれて散策しながら出ません？」

全力で「めんどくせー!!」と思ったが、今回は前半やらかした感があったので黙って従うことにする。


結果として、俺たちはこの探索のせいで、ホテルに残された不気味な痕跡を目の当たりにすることになる。


俺はたけると一緒のチームになった。ササッと帰りたいのだが、たけるは皆口派の人間である。「一応この部屋も見ていきましょう」などと、いろいろ探索をしたがる。しかたなしに、あちこち見ながら、寄り道して帰る。

調理場には、洗濯機や大量の食器が残されていた。おそらく最後の営業の日から、そのまずっと放置され続けたのだろう。

「たぶん……突然閉鎖したんだろうな」

俺はたけるに言った。

また別の部屋には、私物らしきものが散らばっていた。見ると、このホテル名が印刷された名刺だった。名前もしっかり記されている。名刺に記された名前は、入口付近で見つけた賞状に書かれていたものと同じだった。オーナーの名刺なのかもしれない。

皆口&長尾

皆口と長尾は風呂を探索していた。この建物内にはいわゆる大浴場から家族風呂まで、複数の浴場があるようだ。皆口が言う。

「ここさ、『下田温泉』って書いてあったでしょ？　入口に。温泉を売りにしてたから、お風呂にはわりかし力入れてたんじゃないかなって思うんだよね」

たしかに伊豆半島は、泉質のよい温泉がたくさんあることで知られている。例えば芥川龍之介や夏目漱石などの文豪が訪れたことで知られる、修善寺温泉も伊豆にある。

別の浴室の中に入ると、ガラスは割れて大量の植物が入ってきていた。

「すごいな……もう植物入ってきちゃってる」

廃墟を探索していると、植物が力強く侵略していく姿に驚かされる。

浴室も増改築がされていたらしく壁の内側に窓が入り込んでいるなど、気持ち悪い造りになっていた。

そしてなんと裏手には大量のバブが落ちていた。泉質がよいことで知られる温泉に、バブを入れていたのだろうか？　なんとなく潰れた理由がわかった気がした。

浴室の探索を終え、1階のロビーに戻る。ホテルのカウンターを見るが、やはりすべての物が残されていた。

机の上には、市が配った1996年のカレンダーが無造作に置かれていた。ということは、1996年前後までは施設は生きていたということだろうか？

床には、在りし日の富士屋ホテルの写真が落ちている。

拾い上げて見ると、白黒写真で、ホテルの前を走っている自動車の型もかなり古い。ただ、パッと見た感じ、ホテルの構造は当時からあまり変わっていないようだ。

「……地下ありますね」

長尾が防火の書類を見ながら言う。地下には変電室があるようだ。


俺はたけると慎重に下の階に進んでいった。

「くっせ！」

急に強い臭気が鼻についた。鼻を押さえながら先に進む。

床には様々な物が散らばっている。俺はその中に〝あるモノ〟を見つけ、嫌な気持ちになった。

そしてその先に、さらに地下に進む木の階段がある。

「階段が木なのでちょっと危ないかもしれないですね」

「あ、でもけっこうしっかりしてるよ？」

強度を確認しつつ、地下に下りる。臭いが強くなる。

地下の奥の部屋は、何がどうなっているのかわからないくらいめちゃくちゃに荒れ果てていた。全体的に腐蝕しているのか、黒ずんでいる。崩落の危険もあるので、それ以上進むのはやめる。

携帯で長尾たちに電話をかけた。

「何か変わったものとかってありました？」

「……変わったものというのは特にないけど……まあ、一応報告」

皆口に聞かれたが、〝あるモノ〟のことは言わなかった。ここで実証実験をやることになったら、たまらない。一人で突撃して怖い思いもしたし、もう十分だろう。

1階のエントランスに集合し、エンディング撮影をする。ゾゾゾポイントは4・5だ。

「一人ぼっちで行ったのが、まずありえない」

まあ、勝手に一人で行ったのだが、ディレクターもスタッフも止めるべきだろう。

「今後、落合さんにはね、見切り発車で行ってほしくないなと……。安全面でも、やっぱり危ないですし」

丁寧な口調で説教をたれる皆口に、俺は堂々と宣言した。

「いや本当、無理はやめよう。一人で行かせるのは、なしだよ？」

撮影は安全第一だ。

「ちなみにスクラッチはいくら当たったんですか？」

「2万円！」

長尾の質問に答えると、その微妙な金額のせいで場に妙な空気が流れた……。

何はともあれ、終わった‼　スクラッチくじで当てた2万円で、伊豆の名物でも食って帰ろう、と言おうとしたとき、嫌なことに気がついた。

ポケットの中に携帯電話がないのだ。地下で電話したときに忘れたようだ。

皆口に言うと、「じゃあ早く取ってきて」と軽く言われた。だが、俺は断固拒否した。〝あるモノ〟を見かけたので、もう下りたくなかったのだ。

結局、皆口が素材動画を撮るついでに取ってくることになり、渋々地下へ向かっていった。

皆口

地下への階段を下りる。幸い携帯電話はすぐに見つかった。皆口は携帯電話を手に取り、周囲を撮影しながら戻る。何かが潜んでいるような気がして、暗闇にカメラを向けるが、何も映らない。

木の階段を上ってふと床を見ると、そこには、大量の

「御霊前」

と書かれた香典袋が散らばっていた。

御霊前

一瞬、驚きで動きが止まる。

賞状や名刺に名前が書かれていたオーナーが亡くなったときのものだろうか。

書類や紙袋などと一緒に雑然と捨てられたように落ちている香典袋を見て、とてつもなく嫌な気持ちになる。

しばらく香典袋を撮影し、皆口はエントランスに戻った。


特に何があったわけではない物件だったが、構造も来歴も入り組んでいて、何ともモヤモヤした不安な気持ちのまま終了することになった。

ちなみに俺たちが下田富士屋ホテルから出た頃には、どの店も閉まっていた。結局いつも通りコンビニで飯を買って、車内で食い、そのまままっすぐ東京への帰路についた。

後日、動画が公開され、皆口も香典袋を見つけていたことを知った。

カメラ越しにも、皆口が動揺しているのが伝わってきた。俺も、見つけたときはとても嫌な気持ちになったので、これでおあいこだ。

公開直後にある視聴者の方から、「香典袋に知り合いの名前があるから隠してほしい」という連絡をいただいた。今、動画にはモザイクがかかっている。

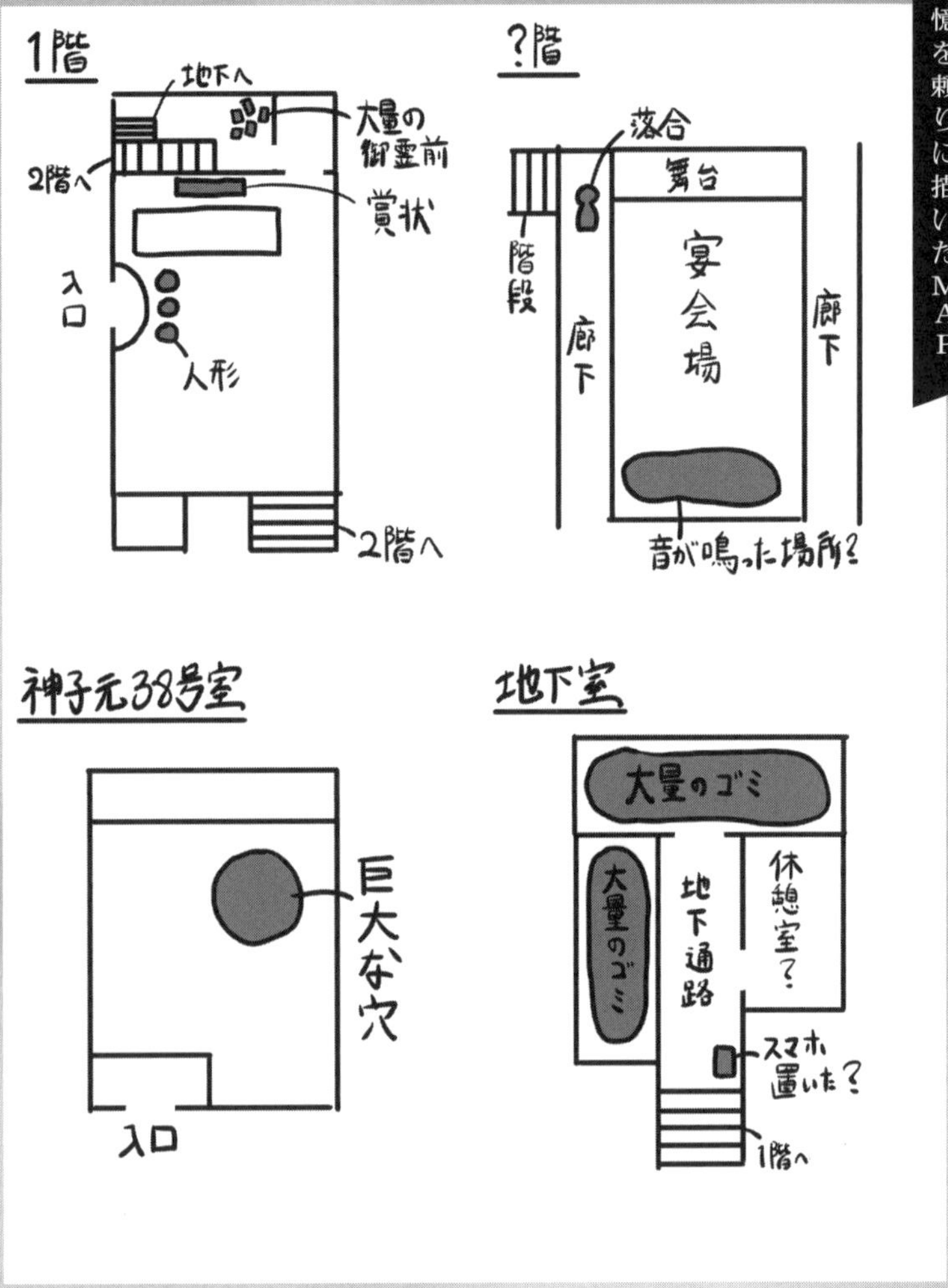

※実際のものとは違う可能性があります。

OFF SHOT

撮影後にロビーで撮った1枚。
これから飲みに行きたい落合と、
それを白い目で見るスタッフたける。

4章

いもんた《いもんた》

滅亡した一族・H家に一体何が起こったのか⁉
行ってはいけない場所、その名前が意味するものとは。

通称「いもんた」。正確な情報が少ないこの奇妙な場所は、香川県の最恐スポットとして一時ネット掲示板で話題になった。しかし、「いもんた」が一体何を意味する言葉なのか、その詳細は一切わかっていない。

噂によると、山中に神社があるそうで、呪われた一族がかかわっていると言われている。とにかく情報が少なく、信憑性の不明な話も多いが、「行けばどれだけヤバい場所かがわかる」らしい。

知名度	C	（まだ有名になっていない謎多きスポット）
恐怖度	A	（雰囲気がヤバい。呪われそう）
ゾゾゾポイント	5	

2020年の夏、皆口が

「香川県のゾゾゾスポットへ行きましょう」

と言い出した。

さすがに香川県へは、自動車ではなく飛行機で移動した。もちろん運転していくよりは楽だが、それでもホテルに到着した頃にはクタクタに疲れていた。

ビールを買ってホテルに戻り、香川だからうどんは食べておきたいな、などと思っていたら皆口が神妙な顔で語り出した。

「ゾゾゾのお時間がやって参りました！」

見ればカメラも回っている。

嫌な予感しかしない。

「え……今？」

「香川県には『いもんた』と呼ばれるネット掲示板で話題になったスポットがあるんです」

俺の問いかけには答えず、皆口が話し始めた。内田が引き継ぎ、つらつらとスポットの説明をする。しかし内田の小難しい説明は全然頭に入ってこない。まだ頭が仕事モードになっていないのだ。

皆口が後から要約し、説明してくれた。

「そのスポットは通称『いもんた』と呼ばれる」

「深い山中にある」

「その山中には神社がある」

「呪われた一族・H家が関係している。その一族は全員自殺し、滅亡したと言われている」

まず、「いもんた」という単語を聞いたことがない。日本語かどうかもわからない。言葉にひょうきんな響きがあるのが、逆に不気味に感じる。

「まあ……よくわからないんですけど、行ってみたらヤバいということなので、さっそくこの後行ってみようと思います!!」

「マジ？」

皆口は「当たり前でしょ？」という顔でこちらを見る。メインパーソナリティなのに扱いが酷すぎるだろ……。

皆口から聞いた「いもんた」がある場所をマップの航空写真で見てみると森のど真ん中だった。建物はおろか、建物に繋がる道すら見えない。

不安な気持ちで、深夜の田舎道を走る。

目的地近くの国道の脇に車を停める。そこからは徒歩で山道に入った。

山道はそれなりの広さがあったが、民家などの建物は見当たらない。

ふと見ると巨大な鳥居があった。

俺は、思わず小さく悲鳴を上げてしまった。何もない田舎道に大きな鳥居が建てられているのが、何ともバランスがおかしくて気持ちが悪かった。

「こちらが『いもんた』の入口とされている赤い鳥居です」

皆口の指し示す鳥居の先は真っ暗だ。

「一応〝もんた〟っていうのが〝帰ってきた〟とか〝戻ってくる〟みたいな意味があるらしいです」

愛媛の伊予弁を調べた内田が言う。

帰ってきた……。何か意味があるのだろうか。

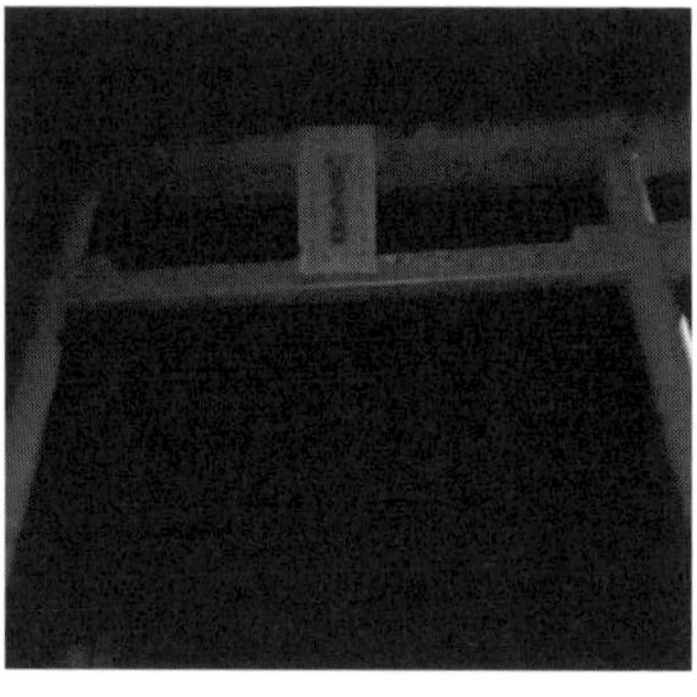

今回は久しぶりに長尾が参加する。俺、内田、皆口、長尾の四人で一緒に鳥居をくぐり、山道を進んでいく。

街灯一つない、とにかく真っ暗な道だ。ライトを消したら右も左もわからなくなるだろう。

進んでいくと、ボロボロの廃屋が現れた。どう見ても神社ではない。

「これが噂のH家の家って可能性は？　長尾君、表札だけ確認してもらっていいですか？」

皆口が長尾ににべもなく指示した。

「がんばってー」

俺と内田は心なく応援する。

長尾はバキバキと草木を掻き分けながら玄関まで進み、郵便ポスト周辺を調べてみるが、名前はどこにも書かれていなかった。

郵便ポストの中にはお守りと手紙が入っていたが、時間が経ったからか白紙になっていた。

結局無駄足で、長尾が戻ってくる。廃屋がなんだったのかわからないまま先に進む。

歩き続けると、道の状態はどんどん悪くなっていった。木が倒れて道を塞いでいる。長年人が通っていないのはたしかだ。
20～30分ほど進んだところで縁石のようなものを見つけた。整備されていた時代には、自動車で通れたのかもしれない。

他に何かないかと懐中電灯を振ると、闇の中にふわりと掲示板のようなものが浮かび上がった。近寄ってみると、神社にお金を寄進した人の名前を書いた札が何枚も貼られている寄進礼板だった。

　金弐萬圓也などと書かれているのが読めるが、残念ながら寄進した人の名前は消えていた。


「おー!!　びっくりした!!」

　長尾が突然悲鳴を上げた。

　視線を追って後ろを見ると、ここにも竹の鳥居が建てられていた。そして白い狐の像も祀られていた。

　神社ではおなじみの鳥居と像があるだけなのだが、どうにも不気味な雰囲気だ。

　先に進むと、またまた鳥居が現れる。

　鳥居には「知行寺山稲荷大権現《ちぎょうでらやまいなりだいごんげん》」と書かれていた。

　知行寺山というのは、現在いる山の名前のようだ。標高163メートルの比較的低い山だ。

　稲荷大権現というからには稲荷神を祀った神社なのだろ

う。だから鳥居の近くには稲荷神の眷属《けんぞく》（神使《しんし》）である白い狐の像が祀ってあったのだ。

日本全国には京都の伏見稲荷大社をはじめ、稲荷神を祀った神社が3万社以上ある。いわば大メジャーな祭神である。

ただ有名なわりに稲荷神というのがなんなのか、よくわからない。日本神話に登場する女神・宇迦之御魂神（ウカノミタマノカミ）と同一視されて主祭神として祀られることも多いが、そもそもは別物だ。仏教では荼枳尼天（ダキニテン）と習合されている。荼枳尼天はインドの魔女ダーキニーのことである。空を駆けて、敵を殺し、人肉を食う。これもやはりそもそもは別物だ。渡来人である秦氏が信仰した氏神だとも言われるが詳細は何もわからない。

稲荷神は農業神であることはたしかだろうが、それ以上のことはよくわからない。得体の知れない神様なのだ。

心霊スポットとしてはそれなりに名前が知られているのに、全然正体が掴めない「いもんた」に稲荷神が祀られているのは妙にしっくりとくる。

崩れかけた石の階段を上ると、赤い鳥居が現れた。

経年劣化でボロボロになり、赤い塗料が剥がれて残骸がバラバラと地面に落ちている。飛び散った血液を連想した。

社があり、その前には神社が建てられた経緯の書かれた石碑がある。

石碑には数人の名前が書かれていたので、読み上げる。

「K[redacted]、K[redacted]、H[redacted]、O[redacted]……H[redacted]氏ら発起人となり昭和四十五年にできた……みたいなことだろうな」

「つまり呪われた一族のH家っていうのがもしここに書いてあるHさんと同じだとしたら、この神社を造る発起人の一人だったってこと？」

皆口が言う。

「その神社を造った一族は何かの形で呪われてしまったとかってことですか……？」

内田が続ける。

「H一族は本当にいたんだ……」

俺はつぶやいた。

心霊スポットにまつわる話は、創作話であることが多い。現場に行っても、なんの証拠も見つからないことが多い。

だが、H家の名前は実在した。

急に噂話が現実味を帯びたような気がした。


社は離れた場所から見ても、ボロボロなのがわかる。入口の床には、お賽銭のつもりか小銭がたくさん置かれていた。ひょっとしてこの状態になっても、いまだに参っている人がいるのだろうか？

室内を覗くと、想像通りだいぶ朽ち果てていた。20畳ほどの畳敷きの部屋の奥にかけられた垂れ幕の向こうに、階段が見えた。

「落合さん、ちょっとこの中どうなってるのか……調べてきてもらっていいですか？」

皆口が言う。

「あ、靴脱いでいただいて」

「いやいや……この空気感はヤバいでしょ」

皆口を見るが、いたって真面目な表情を崩さない。

本気で言ってるのか……。

俺は懐中電灯で畳を照らした。

何匹も虫の死骸が転がっているのが見える。黒いつぶつぶがいくつも転がっている。ネズミかコウモリの糞だろう。

俺は渋々靴を脱ぎ、靴下で畳の上を進んだ。

湿った畳に足が少し沈む。

ものすごく気持ちが悪い。


壁に光を当てると大勢の名前が書いてある札がかけられているのが見えた。

信者の名前だろうか？

それとも寄進した人の名前だろうか。

壁にはカレンダーが貼られていた。年号を見ると、２００６年だ。

意外と最近まで利用されていたのだと驚く。


奥の階段から上を覗くと、他の部屋に繋がっていた。本殿かもしれない。

だが階段を上る気にはなれず、入口に戻ってきた。


「建物を回り込んだら奥の建物、確認できないかな？」

皆口の言葉に、全員で建物の裏手に進んでいく。

長尾がハンディカムを持って、先頭を歩きながら話す。

「神社をこの状態で残して人が去るっていうのは考えにくいですよね……だから本当に何かがあって……」

建物を回り込むと、先程の階段が見えた。そして、上に向かう小道があった。道沿いに坂を上っていけば奥の建物にたどり着けそうだ。

「酒瓶と……これ、石碑かなんかじゃないですか？」

途中で何かを見つけた皆口が地面を指差して言った。

「あーこれ、墓石っぽいなあ……」

石碑を見た内田が苦しげにつぶやく。

「っていうかそれ……もう、御影石っていうか石の板ですよね？　蓋ですよ。そこをパカッて開けるとたぶん、空間があるんじゃないですかね」

長尾が言う。

その空間に何が入っているのか？　ひょっとしたら、誰かのお骨が入っているかもしれない。もちろん確かめることはできない。

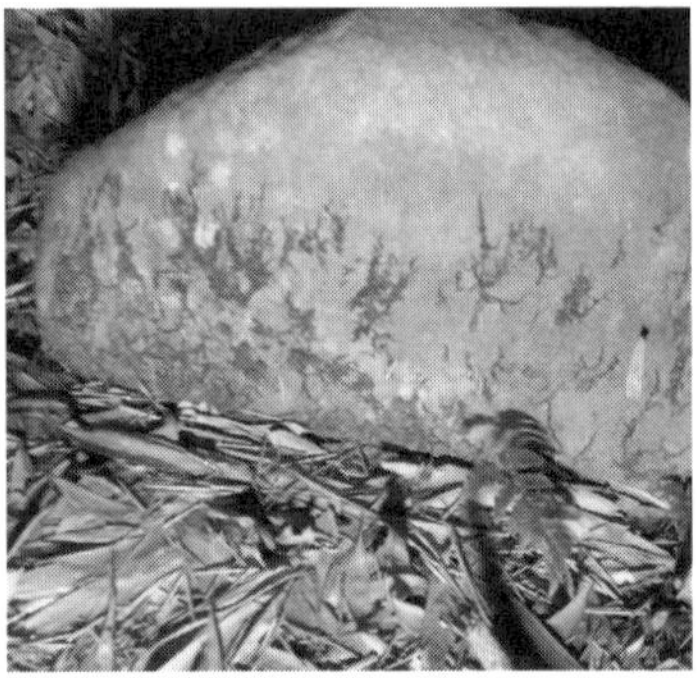

さらに坂を進むと本殿らしきものが現れた。階段の先にあった建物だ。

「あの……扉、開いてるっぽいです」

建物は小さく、室内には祭壇が祀ってあるだけのようだ。皆口が言うように扉が開いていて、中がすぐ見える。

長尾が近づいていき、中を覗く。

顔色がみるみる青くなっていく。

震える声でつぶやく。

「あぁ……ヤバいかも。ちょっと待って。これ……そのまま残ってるんじゃないですか、これ。いろんなお供え物と……ああ、これはよくないなあ……」


室内は何者かに徹底的に荒らされていた。

神器はなぎ倒され、菓子やドリンクが祭壇にぶちまけられていた。

そして床には、燃やされた経典が転がっていた。


長尾は衝撃を受けすぎて、何もコメントができなくなっていた。

今までも荒らされている心霊スポットは見てきたが、ここまで酷いのはあまりなかった。

若者がノリで破壊したという感じだ。まともな感覚じゃない。

皆口がめずらしくシリアスな口調で言う。

「これ、絶対入っちゃダメだよね……。怖いとか、怖くないとか、気持ち悪いとかをなんかもう……血の気が引く感じというか。あ……ダメだなっていう」

四人一致で、本殿での探索を断念した。


帰り道にある石の鳥居にも、H家の名前を見つけた。だが、さっきの石碑のものとは下の名前が違う。子孫だろうか。

俺は疑問を口にする。

「Hさんがいなくなったからっていうだけで、こんな状態にまでなるかな？　石碑にはH家以外の名前もあるのに、誰一人引き継がなかったってことだよね？」

「噂による呪われた一族がHさんだとして、もし、その呪いというのが実際にあったとしたら、その呪いまでもが飛び火して……」

「だから他の人たちはもう、触れることをしない。すべて手放した」

内田の言葉を引き継いで、長尾が推測を述べる。

「あともう一つ、Hさんだけが世話人から消えているんですよ……」

鳥居には世話人としてK■■、K■■、O■■の名前が書かれていた。石碑では発起人としてK■■、K■■、H■■、O■■の四人の名前が書かれていたのに、H家の名前だけが消えている。

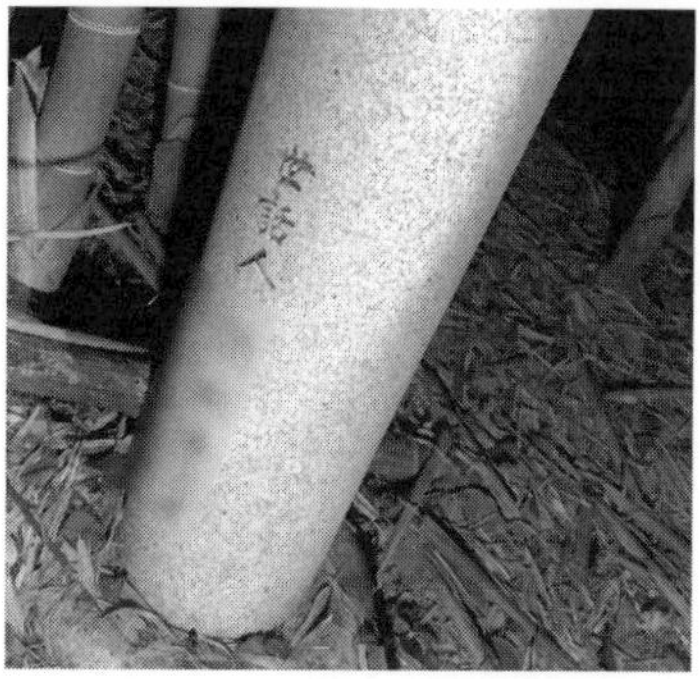

「何があったんだろうな……」

誰も返事をしない。

こうなったのには、何か理由があったのかもしれない。

ただ、それを知ることはできないのだ。

「いもんた」は何か恐ろしいストーリーがありそうな雰囲気はあるが、実は何もわかってはいない。

「いもんた」の意味もわからない。

そもそもどの部分を指して「いもんた」と言っているのかが不明だ。

道の途中の廃屋に誰が住んでいたのかもわからない。

一体、H一族に何が起きたのか、それでどうして廃神社になったのかもわからない。

結局現場に足を運んでも、何もわからないままだった。

ただし、

「何もわからないから怖くない」

ということにはならない。

逆にわからなすぎて怖いのだ。


長尾がポツリとつぶやいた。

「『お前ら来るなよ、見るなよ』っていう感じがすごいしますよね……」

俺たちは全員、モヤモヤとしたもどかしい気持ちのまま、ホテルへ帰ってきた。

俺はホテルの部屋に入ると、畳の上を歩いて汚れた靴下を真っ先に脱ぎ、ゴミ箱に放り込んだ。

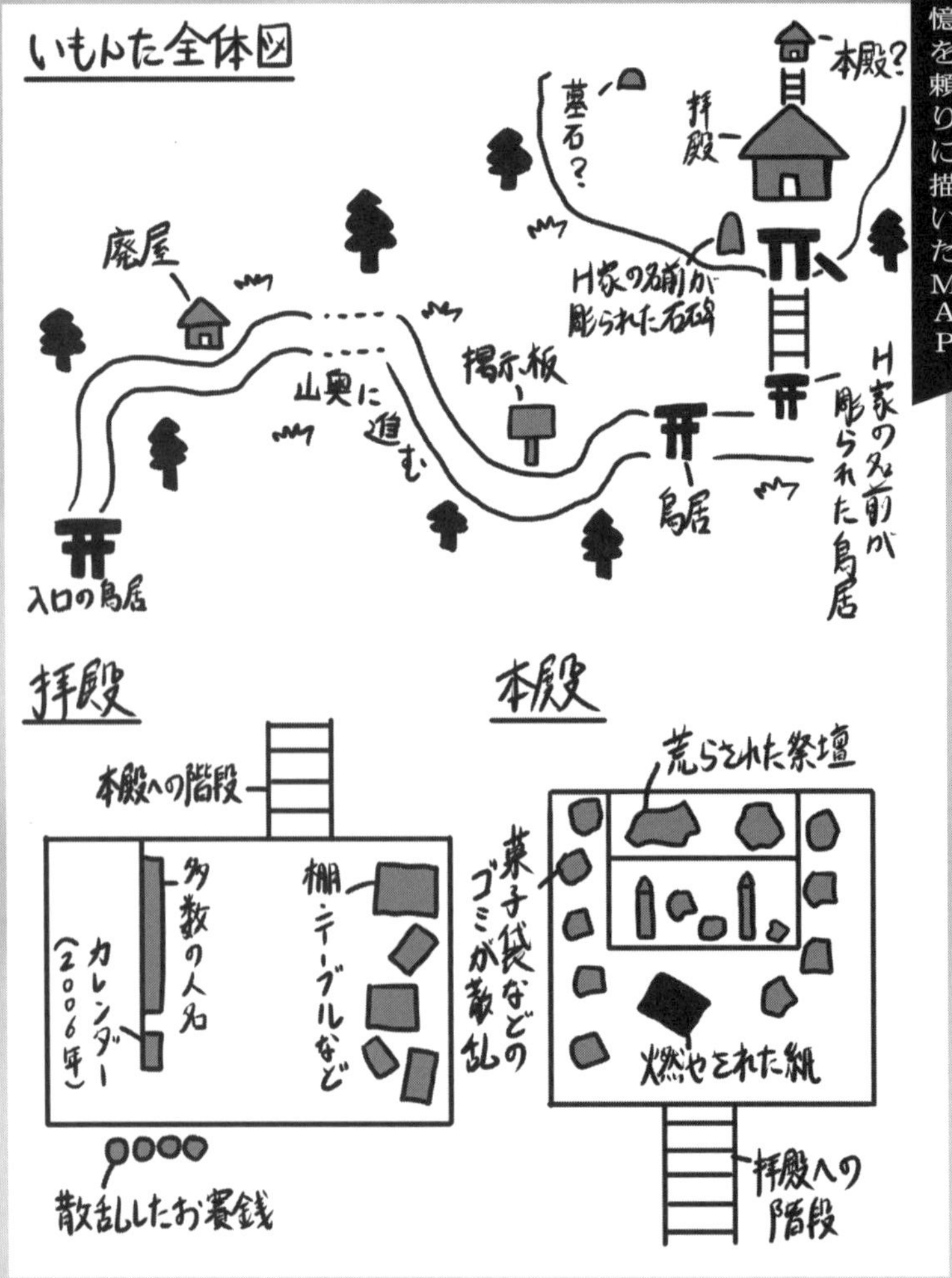

※実際のものとは違う可能性があります。

OFF SHOT

現場から立ち去る際に撮った1枚。
見てはいけないものを見てしまった
感覚に落合は苦悶の表情。

5章

ヤバい家

やばいいえ
きゅーぴーのやかた
おふだのいえ

〈キューピーの館&御札の家〉

岡山県最恐スポット！ 戦慄の家に大突撃！！
危険すぎる実証実験で緊急事態発生！

〈キューピーの館〉

岡山県屈指の不気味なスポットとして有名な謎の廃屋。山中深くに建てられており、建物の中には赤ちゃんの人形が大量に吊るされていると言われている。

知名度	A（全国的に知名度の高い超有名スポット）
恐怖度	A（雰囲気がヤバい。呪われそう）
ゾゾゾポイント	4

〈御札の家〉

岡山県の最恐心霊スポットとして名高い廃屋。至るところに大量の御札が貼られていたと言われており、霊感がある者はまともに滞在することさえできないという。

知名度	A（全国的に知名度の高い超有名スポット）
恐怖度	A（雰囲気がヤバい。呪われそう）
ゾゾゾポイント	5

今回の岡山市にある現場付近に到着したとき、俺はもうヘトヘトに疲れていた。

昨日、俺、内田、皆口、長尾といういつものメンバーで、四国は香川県の高松空港に降り立った。そしてその日の夜のうちに、全員で心霊スポット「いもんた」を訪れて撮影をしたのだ。

今日はゆっくり寝させてほしかったが、皆口がそんなゆるいスケジュールを許すわけがない。俺たちは日中に瀬戸大橋を渡り、香川県から岡山県に移動した。

そして明るいうちに岡山県内の山奥の心霊スポット「アンテナの家」を訪ねた。蚊にめちゃめちゃ刺されたが、たいした収穫はなかった。

そこから移動してやっと現在の場所にたどり着いた。

今回のゾゾゾスポットは内田が探してきたのだという。

内田の家はたびたびゾゾゾで心霊スポットとして取り上げているが、それで悪評が広まって困っているらしい。

「『本当にヤバい家はこんなもんじゃない』って言いたくて探し出してきました」

内田が考えたプランだから、ひょっとしたら「お笑い回」か？

そう思って皆口に聞くと、

「今日はガチ回ですね」

と真剣な表情で言われた。

気を引き締めて、そのヤバい家に向かった。

現場は想像以上に行きづらい場所にあった。真っ暗な森の中を慎重に進む。水路があったり、道がボコボコで穴が空いていたりする。落ちたら骨折しそうな2メートルくらいの崖もあった。

地図アプリを見ても、正確な場所が表示されない。「だいたいここらへんです」というポイントが地図上に表示されるだけだ。手探りでそのポイントに近づいていく。段々、本当にこんな場所に家があるのか？　と疑心暗鬼になってくる。セカンドシーズンになって過酷さが増している。もはや道がないくらいでは、文句を言わなくなってきてしまった。非常によくない傾向だ。

ふと長尾がボロボロになった照明のようなものを見つけた。もちろん明かりはついていない。他には何かないかと懐中電灯で周りを照らすと、闇の中からボロボロの廃屋が現れた。

「うわ……」

一同から声が漏れる。

建物の手前に支柱が立っているのを、長尾が見つけた。

電柱かと思ったが、どうやら違うようだ。長尾が周りを確認しながら言った。

「これ……鳥居っぽくないですか？」

柱は根本が黒っぽく塗られており、そして近くに赤い木片が落ちている。調べると少し離れた場所に対になるような柱も立っていた。

そう言われると、鳥居にしか見えない。ここは廃神社なのだろうか？　ズンッと、重たい気持ちになる。

一口に神社といっても様々な種類があるが、人々が参詣する場所ではあるだろう。こんな道もないような山の中にどんな人がお参りにきていたんだろうか？　それとも、昔は道があったのだろうか？

廃屋は遠くからだと小さく見えたが、近づくと案外大きな建物だった。
おそるおそる中を覗くと、衝撃的な光景が目に飛び込んできた。
社の中に50体近い人形が散乱しているのだ。

吊るされているものもあれば、床に転がっているものもある。

「キューピーの館」の呼び名の通り、ピンク色のキューピーの人形が目につく。ただそればかりではなく、様々なタイプの人形があった。

どれも赤ちゃんを模した人形であり、そしてかなり古いようだ。顔が焼けたように真っ黒になっている人形もあれば、カビが生えてまだらになっている人形もある。埃や土で汚れてしまっている人形もあった。どの人形も赤やピンクの明るい色のべべを着ているのが、逆に痛々しい。


「めちゃめちゃ新しいのがあるっす」

長尾が一つの人形を指差す。

多くの人形はどうやら昭和時代に置かれたもののようだったが、その人形は比較的最近のものに見えた。いたずらだろうか？　それとも、現在もこんな山奥にある倒壊した社に、人形を祀る人がいるのだろうか？

他にも床に落ちている人形を見ていると、足の部分に名前が書いてあった。生まれ年や年齢が書かれたものもある。昭和50年代の日付のものもあった。

「これは、本当によくないかな。できれば健康を祈願して

いるものであってほしいというのが正直な気持ちです」

長尾の顔は青ざめている。

「そういえば、水子供養の噂があるって、たしかここ……」

内田が言った。

水子供養とは、生まれてくることのできなかった赤子を弔う風習だ。ここは供養のための神社だったのだろうか。

人形以外にも物は置かれていた。

壁には千羽鶴が吊るされており、一角には寄進者の名前と金額が書かれた札が吊るされていた。そして床には打ち捨てられるように、賽銭箱が転がっていた。

様々な謎が解けないまま、社を離れた。

「あの……選んですいませんでした……」

すっかりしんみりしてしまった一同に、内田が謝る。

俺は気持ちが萎えてしまい、とにかくすぐにでもホテルに帰って風呂に入って寝たかった。

だが皆口は無情にも
「それでは次のスポットに行きましょう!!」

と言い出した。

え、次？　この期に及んで、まだ次があるのか？　ゲンナリしていると、住所を伝えられた。俺はその住所をレンタカーのナビに入力して、指示通り走り出した。

岡山市から倉敷市に移動した。

同じ岡山県内ではあるが、35キロほど離れている。今の状態では、ダルい距離だ。

国道を通って南下する。基本山道でたまにポツポツと家が建っているくらいの田舎だ。途中からは、自動車がすれ違えないほどの細い道路に入り、ひやひやしながら進んだ。

2軒目も内田が探してきた家だった。

田舎の大きな家である。廃屋になって長いらしく、ボロボロで自然にも侵食されている。

「岡山県の最恐心霊スポットとして有名な廃屋です。中には御札が貼られていたため『御札の家』と呼ばれるようになりました。信憑性は一切不明なんですけども、その昔この家で一家心中がありまして、それ以来霊障が多発したため、御札を貼っていたのだと言われています。この家を彷徨う霊は現在でもかなり危険らしく、霊感がある者はまともに滞在できない状態だと言われております」

内田が言い終わると、皆口が引き継いだ。

「この家に関しての噂はけっこういろいろありまして、2階がヤバいっていう話があったり、カルト団体がここを所有しているんじゃないかという噂もあるんですね。なので事前に、不動産登記簿を入手してきました」

登記簿が表示されたｉＰａｄを手渡される。

不動産登記簿とは、不動産の物理的状況と権利関係を法的に記録した帳簿のことだ。つまり、どんな物件で、誰が所有しているかがわかる。昔に比べたら登記事項証明書は取りやすくなったとはいえ、わざわざ取得してきたんだと感心する。

見てみると、この家は昭和53年6月20日に村田（仮名）姓の男女が相続していた。40年ほど前だ。建物自体はもっと前からあったのだろうが、記録は残っていない。

この家は現在もこの二人が二分の一ずつ所有しているようだ。

でも、どう見ても人が住んでいるとは思えない。

「ここの所有者の方々はこの家に住んでいるという状態のまま消えてるんですね……情報が」

皆口の言葉に、一瞬場がシンと静まり返った。

「あの……内田が入りたくないと。どうしてもここは無理だ、と申しております」

そう皆口は続けた。

「え……は⁇」

内田を見ると、ウンウンと頷いている。皆口は内田に付き添って外にいるから、俺と長尾の二人で撮影してこいという。

いやいや、そもそも内田が見つけてきた物件だろうに。理不尽にもほどがある。

どういうつもりでこの物件を探していたのか、小一時間ほど問い詰めたかったが、もう夜も深い。言い争っている時間はないため、素直に長尾と二人で建物内に入ることにした。

長尾が前方を撮影し、俺が後ろから長尾を撮影しながら進んだ。普段と違うフォーメーションだったのでより緊張した。

だがもちろん、得体の知れない廃屋に入っていく緊張感の方がずっと大きい。

床が大きく抜けていて慎重に歩かなければ危険だった。

「これはもう、自然に還っているような感じですよね」

長尾が言った。たしかにこの家は荒らされているというよりは、風雨によって自然崩壊している最中のようだ。御札の家と言われているが、パッと見で御札らしきものは見当たらなかった。

室内には家具や服、書類など、比較的たくさんの物が残されていた。

ふと見ると、白い画用紙が積み重ねられている。長尾がめくってみると、幼稚園～小学校低学年の子供が描いたであろう絵だった。

名前を見ると

「むらたつとむ（仮名）」

と書かれていた。登記簿に書かれた名字と同じだ。

ゾクゾクゾクッと悪寒が背中を走った。落ちていた名刺にも、やはり村田（仮名）と書かれていた。

「だからここに住んでたのは間違いなくて……で、そこには、おそらくお子さんがいたってことだよね？」

「こういう子供の……引っ越したなら持っていきますよね」

長尾の言葉に頷く。たしかに普通は持っていくだろう。

だいたいの心霊スポットは噂が先行している。実際に行ってみると、噂とは全然違ったというのはよくあることだ。だが、この物件は違う。どこまでもリアルなのだ。

一体ここにいた家族はどこに行ったんだ？


「あ、待って、天井……」

長尾に促され見上げてみると、天井は抜けていた。直に2階が見える。部屋の奥を探索していると、2階への階段を見つけた。木でできており、すでに崩れかけていて上れそうにない。そもそも抜けているので、上ったところで特に何も得られないだろう。

屋敷のヤバい雰囲気にのまれてしまい、いつしか言葉を失っていた。

「御札、御札……」

長尾が壁にライトを当てている。

正直俺は御札のことなんか忘れていたのだが、真面目な長尾は御札の痕跡を探していた。

「あ……待ってこれ、御札の跡かなあ……剥がされちゃってる跡ですかね」

床には何枚も埃にまみれた御札らしき紙が落ちていた。長尾が手を伸ばす。

「うわ、それ……」

つい、声が出る。

よく見ると壁にはいくつも、御札が剥がされた跡があった。中にはまだ貼られているものもある。中には「大国魂命鎮座」と書かれた、紛れもない御札もあった。小さい御札の封が解かれ、呪符が覗いているものもあった。

一つ見つかると、次々に御札が目に入ってくる。

「え、なんで？　この部屋が何かあるのかな？」

自分が大量の御札に囲まれていたことに気づく。

「もう、至るところに貼ってあったと思うんですよ。つまり〝至るところに貼る理由〟があったってことですよね？もともとの所有者が、相続でこの家に来てるってことですよね。もしかしたら……一家心中があって相続した。で、〝何か〟があったから、御札をいっぱい貼り始めたっていうのが、なんとなく自然かなって思うんですよね」

長尾がゆっくりとした口調で説明する。

理にかなった解釈ではある。

そして結果的に、ここに住んでいた村田（仮名）一家は、家財道具と御札を残したまま、いなくなった。ひょっとして亡くなってしまったのだろうか？

1階はだいたい確認したので、もう探索を終了しようと玄関に向かう。

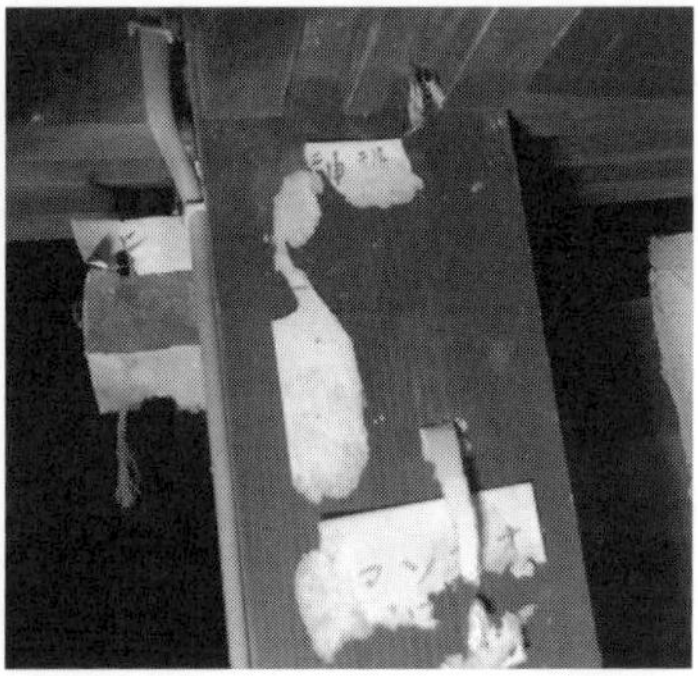

ふと見ると、玄関の右奥に木製の階段があった。さっき外から見たときにその方向に蔵があったので、おそらく蔵の2階へ上がるものだろう。階段は朽ちてはおらず、なんとか上れそうだった。

長尾と顔を見合わせる。

「たぶん俺より、落合さんの方が体重軽いので……」

俺に上るように促してきた。

嫌だが、しかたない。おっかなびっくり階段を上り、2階にカメラを向ける。

「え、何これ？　え、ちょっと待って……ちょっと待って……」

動転しながらカメラに向かってつぶやいた。心臓がドキドキと脈打つ。

2階には、三つの長い箱が並べられていた。

そして箱の中には布団が敷かれていた。

箱の中に布団がしまってあるだけ……には見えなかった。敷布団の上に掛け布団がかけられ、枕まで置かれている。そして枕も布団もちょうど人が寝ていたかのように凹んでいた。

ふと〝棺桶〟という言葉が浮かぶ。一度そう思ってしまうと、そうとしか見えなかった。

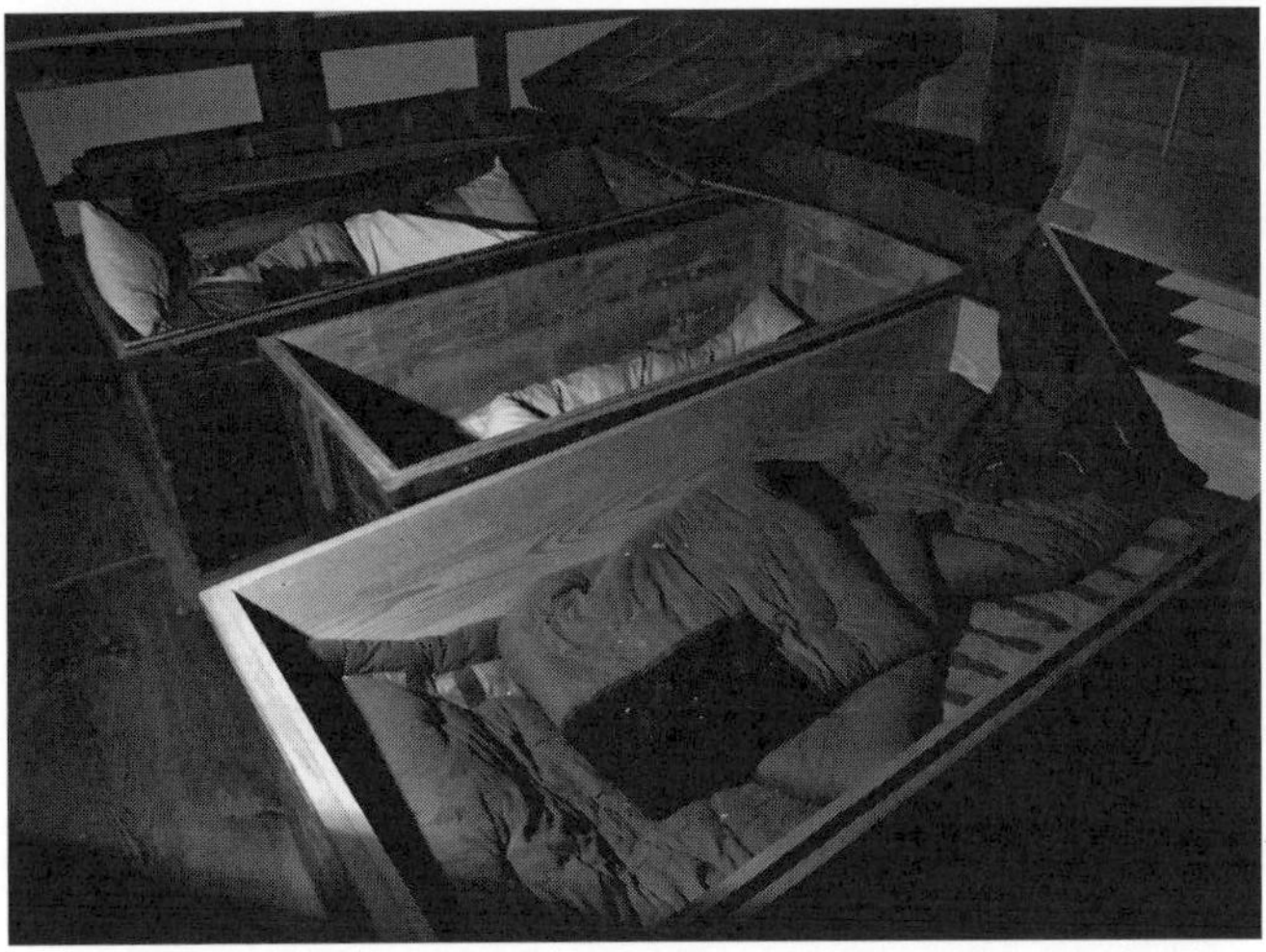

そして箱は左から、長い箱、短い箱、長い箱、と並んでいた。漢字で言えば〝川〟だ。村田（仮名）家の三人が箱の中で並んで寝ている光景が頭の中に浮かび上がった。とたんに怖くなり、全身に鳥肌が立つのを感じた。今までの人生でこれほど総毛立ったことはなかった。


長尾にも確認してもらう。

「おー――!!　これは……ヤバい」

長尾が震える声で言う。

もう俺も長尾も限界だった。長尾は泣き出しそうな顔になっていた。


外に出て、皆口に現状を伝える。

「実証実験をやりましょう」

まさかの皆口の提案に、必死に拒否する。

「あの……無理ですか？」

「これは無理だよ、本当に。どうしても無理」

「……ってなるとさ……」

白羽の矢が立ったのは長尾だった。俺よりも長尾の方がより青ざめており、それが皆口の嗜虐心を煽ったのかもしれない。

だが指名された長尾よりも、セッティングについてくるよう言われた内田の方が激しく嫌がった。

「え⁉　あ、俺行くの⁉　え、嫌だな……」

おいおい……。説教したくなるところだが、グッと我慢する。

蔵の2階に戻り、セッティングをする。

長尾が実は怖がりなのは知っていたが、いつも以上にキョドっていた。2階へ上っていく足取りも頼りない。

近くで箱を見ると、内側に呪詛のような気味の悪い文字が書かれていた。

長尾一人で30分、実証実験が始まった。

長尾

「うわー、めっちゃ怖い。いや……まだ始まってすぐだよ……めっちゃ怖い」

長尾はカメラに向かって一人しゃべる。

「箱の方を見るとめちゃめちゃ怖いし、布団が入ってるんですけど、人がくるまってるんじゃないかなっていう盛り上がり具合なんですよね……」

そのとき、謎の鈍いノイズが鳴り始めた。それはカメラでは確認できるが、長尾には聞こえていなかった。

妙に部屋の四隅が気になり、落ち着きなくきょろきょろと周囲を見回す。

「ちょっと待って……これは嫌だな……ちょっと怖いな……」

これまでにない不安に襲われる。待機組に電話すると、危険だからもうやめよう、ということになった。

慌ててカメラを持ち、外へ出ようとする。

ノイズが段々大きくなる。

同時に長尾は、

「うわあ耳鳴りがする」

と叫んだ。

実証実験を始めて10分ほど経った頃、長尾から外にいる俺たちに電話がかかってきた。
「ちょっと……やめたいです、もう……」
もう出ていいと伝えると、長尾は真っ青な顔で外に出てきた。

「蔵の中がめちゃめちゃなんか気になったんですよ……。端々というか、なんだか自分でもわからないんですけど、キョロキョロ周りを見始めてしまって、なんか落ち着きがなくなっちゃって……。パニックになるというか、あ……これ無理だって思ったので……」

小声で話す。

「今までのところよりか全然……違いましたね」

その後、内田がとても親身になって長尾を慰めていた。俺はその様子を横目で見ながら、長尾も内田にだけは慰められたくないだろうと思った。

俺たちは長尾が出てくるまでの短い時間に、家の周りを見ていた。

たまたま内田が、長尾が入っている2階がある蔵の隣に、もう一つ蔵があるのを見つけた。

「帰る前にその蔵を調べましょう」

皆口は進んでいく。

すでに心神喪失しかかっている長尾を連れて再び、家の方に向かった。

外壁伝いに近づくと蔵の横に二つ目の蔵はあったのだが、

どこにも入口は見当たらなかった。隙間があり、中を覗くと家財道具が積まれていた。どうやら倉庫のようだ。

もう一度、家の中に戻って奥の蔵への入口を探す。玄関に入ったところで、皆口が何かに気がついた。

「入ってすぐのこれ、壁ですか？　本当に」

見るとたしかに、家に入ってすぐ正面の壁だと思っていたところは、周りの壁とは違っていた。もともとは通路があった場所を開かないように鉄板で封じ込めて壁にしてしまったようだ。

俺は忍者屋敷のからくり扉を思い出した。この屋敷には少なくない数の探訪者が訪れているようだが、気づいた人はいないようだった。

長尾はその隠し通路を確認した後、ゆっくりと言った。

「……開けなくていいところは、開けない方がいいのかなって思いますね……」

それに逆らう人はいなかった。

2軒目の家でも多くの謎を残したまま、外に出た。

内田が、俺たちに向かって謝った。

「あの、ほんと、いろいろとすいませんでした……」

深夜の山道を走り、瀬戸大橋を渡って香川県のホテルに向かった。けっこうな距離があるが、全員、口数は少なかった。

俺は結局、今回の旅で心霊スポット以外どこの観光地にも行っていないし、美味いものも食べていない。だが奥さんからは「男同士で楽しい二泊三日の旅行をしてきた馬鹿夫」に見えるに違いない。

さすがに手ぶらで東京に帰る勇気はなく、空港で奥さんにお土産を買ってから東京に向かった。

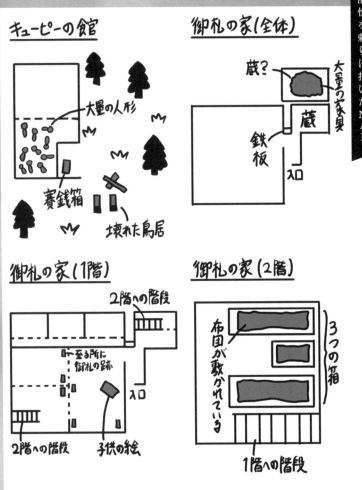

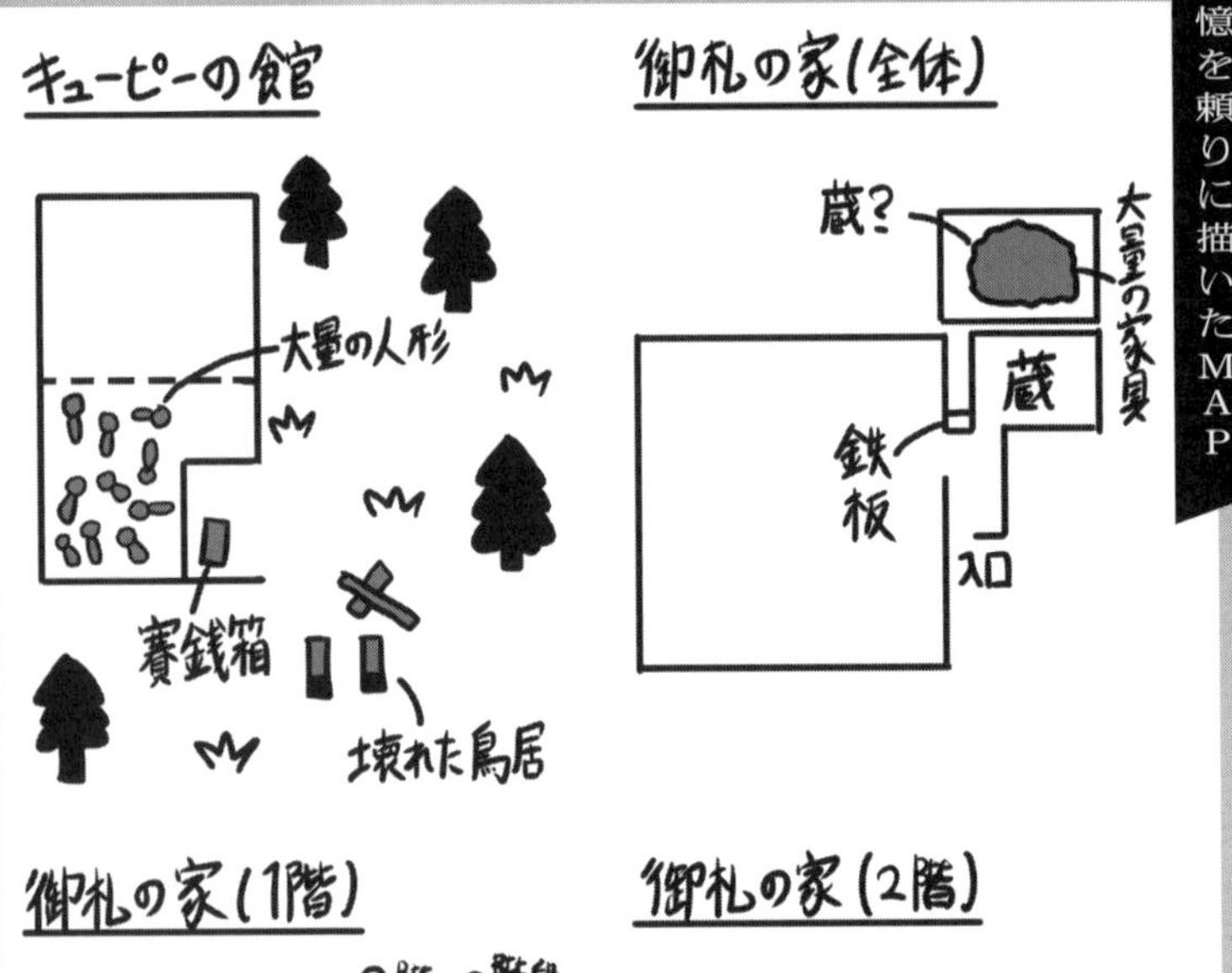

※実際のものとは違う可能性があります。

OFF SHOT

撮影後に御札の家で撮った1枚。
実証実験をした長尾の表情からは
疲労がうかがえる。

関西の最恐心霊スポット20カ所行脚!

早朝の新大阪駅に現地集合し、落合と皆口が約2年ぶりの20カ所行脚を決行。1日で20カ所を巡るという採算の合わないこの企画、今回の舞台は関西だ。

START!

2カ所くらいかと思ったらまさかの20カ所……。つらい1日が始まりました。(落合)

1 しおき場

(兵庫県・川西市)

昔に処刑が行われた場所で、現在も成仏できない者たちの魂が彷徨っていると言う。

ゾゾゾポイント: 2

山道に佇むボロボロの廃屋。ここを訪れる人はいるのでしょうか。(落合)

2 地蔵坂

(兵庫県・西宮市)

この坂では不審な交通事故が多数起きており、それらは坂に多く設置されている地蔵の仕業ではないかと噂されている。

ゾゾゾポイント: 0.5

なぜか坂道を全力疾走。観光地なのか多くの人で賑わってました。(落合)

5 落合橋

（京都府・京都市）

落合橋の下を流れる保津川は水難事故が多発。そして落合橋から飛び降りる者も後を絶たないと言う。

ゾゾゾポイント：1

妙な親近感を覚える橋。橋から見る景色は絶景で空気も綺麗。（落合）

3 弁天池の牛女

（兵庫県・西宮市）

この池の祠を反時計回りに3回回ると牛の蹄の音が聞こえてきて、頭は女、体は牛の〝牛女〟が追いかけてくるのだとか。

ゾゾゾポイント：2.5

山中にあり雰囲気は抜群。お墓もあり、夜は相当怖いと思います……。（落合）

6 赤橋トンネル

（京都府・京都市）

赤橋トンネルでは保津川や落合橋で命を落とした者の霊が集まり、彷徨っていると噂されている。

ゾゾゾポイント：2.5

人や車通りが少ないので、夜に一人で通るのはけっこう怖いかも……。（落合）

4 祟りの岩

（兵庫県・西宮市）

過去に岩を撤去しようとした工事関係者が怪死する祟りがあり、現在ではどこの業者も撤去工事を請け負わないらしい。

ゾゾゾポイント：1

道のど真ん中に巨大な岩。何とも言えない不思議な光景でした。（落合）

7 化野念仏寺

（京都府・京都市）

昔、遺体置場や墓地だったと言われており、心霊写真が撮れるという噂も。境内には約8,000体の石仏や石塔がある。

ゾゾゾポイント：2

無数に広がる石仏は圧巻の光景。厳かな気持ちになります。（落合）

8 血の池

（京都府・京都市）

昔、打ち首になった武将の首を洗っており、池は血のように真っ赤だったとか。入水自殺や殺人事件など多くの噂がある。

ゾゾゾポイント：1

30分以上山を登った先にある小さな池。もはや水溜りに近い気がする。（落合）

9 清滝トンネル

（京都府・京都市）

白い服を着た女性の霊の噂が有名で、車のボンネットに女性が落ちてくる、窓に手形がつくなどの怪現象が報告されている。

ゾゾゾポイント：3.5

車で通ると何かぶつかったような音が……。凹み跡はレンタカー屋に要確認。（落合）

10 天ヶ瀬ダム

（京都府・綴喜郡）

湖面を歩く幽霊や首なしライダーなど、多数の噂が囁かれている。周辺では事故が多発しており、自殺の名所としても有名。

ゾゾゾポイント：1.5

景色は綺麗ですが、トイレに自殺防止の張り紙があって落ち込みました。（落合）

13 首洗い井戸

（大阪府・東大阪市）

東大阪市の枚岡神社にある井戸。正平3年に打ち取られた楠木正行の首が洗われたのがこの井戸だと言われている。

ゾゾゾポイント: 1.5

塞がれた井戸はやっぱり不気味。それでも神社から見た景色は圧巻でした。（落合）

11 取り残された廃屋

（大阪府・某山中）

視聴者からの情報提供によると、某山中に取り残された不気味な廃屋があるらしい。

ゾゾゾポイント: 3

険しい道を進んだ先に立てられた不気味な看板。本当に怖かったです……。（落合）

オマケ 内田さん家

（埼玉県・川口市）

308号室は霊障が絶えない呪われた一室らしく、「内田さん家」と呼ばれ地元の人は近寄らないと言う。

ゾゾゾポイント: 5

来る者を拒み続ける異界の地。今もなお当時の物が多く残っている。（落合）

12 城北公園の千人塚

（大阪府・大阪市）

空襲で亡くなった犠牲者の慰霊のために建てられた千人塚。身元不詳のご遺体、千数百体の遺骨が埋められていると言う。

ゾゾゾポイント: 1

地元民で賑わう憩いの場。心霊スポットとは思えない素敵な公園でした。（落合）

14 人面電柱

（大阪府・東大阪市）

交通事故で車と電柱に挟まれて亡くなった女性の顔が浮かび上がるらしく、その顔は日によって変わるのだとか。

ゾゾゾポイント：0.5

車通りが多い中、ひたすら電柱を眺めるその光景は異様だったと思います。（落合）

15 長居公園の公衆トイレ

（大阪府・大阪市）

長居公園内にある公衆トイレは危険らしい。夜に女性の幽霊を見たとの噂が多数報告されている。

ゾゾゾポイント：1

カップルや学生で賑わう公園のトイレで撮影……恥ずかしかったです。（落合）

16 首吊り廃墟

（大阪府・大阪市）

大阪・新世界にある廃ビル。火事により全焼したビルの中から、計3体の首吊り死体が発見された事件があったらしい。

ゾゾゾポイント：3

繁華街の脇にあるボロボロの廃墟。近くの飲み屋に行きたかったです。（落合）

17 三途の川の踏切

（兵庫県・尼崎市）

正式名称「武庫川東踏切」。人身事故があまりに多く発生するため、あの世に誘う「三途の川」の踏切だと言われている。

ゾゾゾポイント：2

幅が広く、高齢者が時間内に渡り切れるのか少し不安になりました。（落合）

20 旧笠置観光ホテル

（京都府・相楽郡）

1990年に廃業し、解体途中で放棄されている。オーナーが玄関で焼身自殺したと言われ、幽霊の目撃情報が非常に多い。

ゾゾゾポイント： 4

二人で行くには広すぎました……。落書きもすごく、燃えた跡もありました。（落合）

18 北条バスストップ

（兵庫県・加西市）

中国自動車道のバス停。なぜか近年、SNSで霊の目撃情報が広まり、現在では有名な肝試しスポットとなっている。

ゾゾゾポイント： 1.5

高速道路のバス停は生まれてはじめて。その光景に少し感動しました。（落合）

GOAL!

丸1日心霊スポットを回り、疲労が限界……。この日も遅い夕食はコンビニで購入しました。（落合）

19 相坂トンネル

（兵庫県・姫路市）

近年、数多くの恐怖体験が報告されている全国的にも有名な心霊トンネル。

ゾゾゾポイント： 3.5

車1台が通れるくらいの狭さ。声が聞こえたような気がして怖かったです。（落合）

6章

取り残された廃屋《とりのこされたはいおく》

山奥に建てられた廃屋の謎を追え！
決死の撮影で一同に迫る恐怖の展開と禁断の全貌！

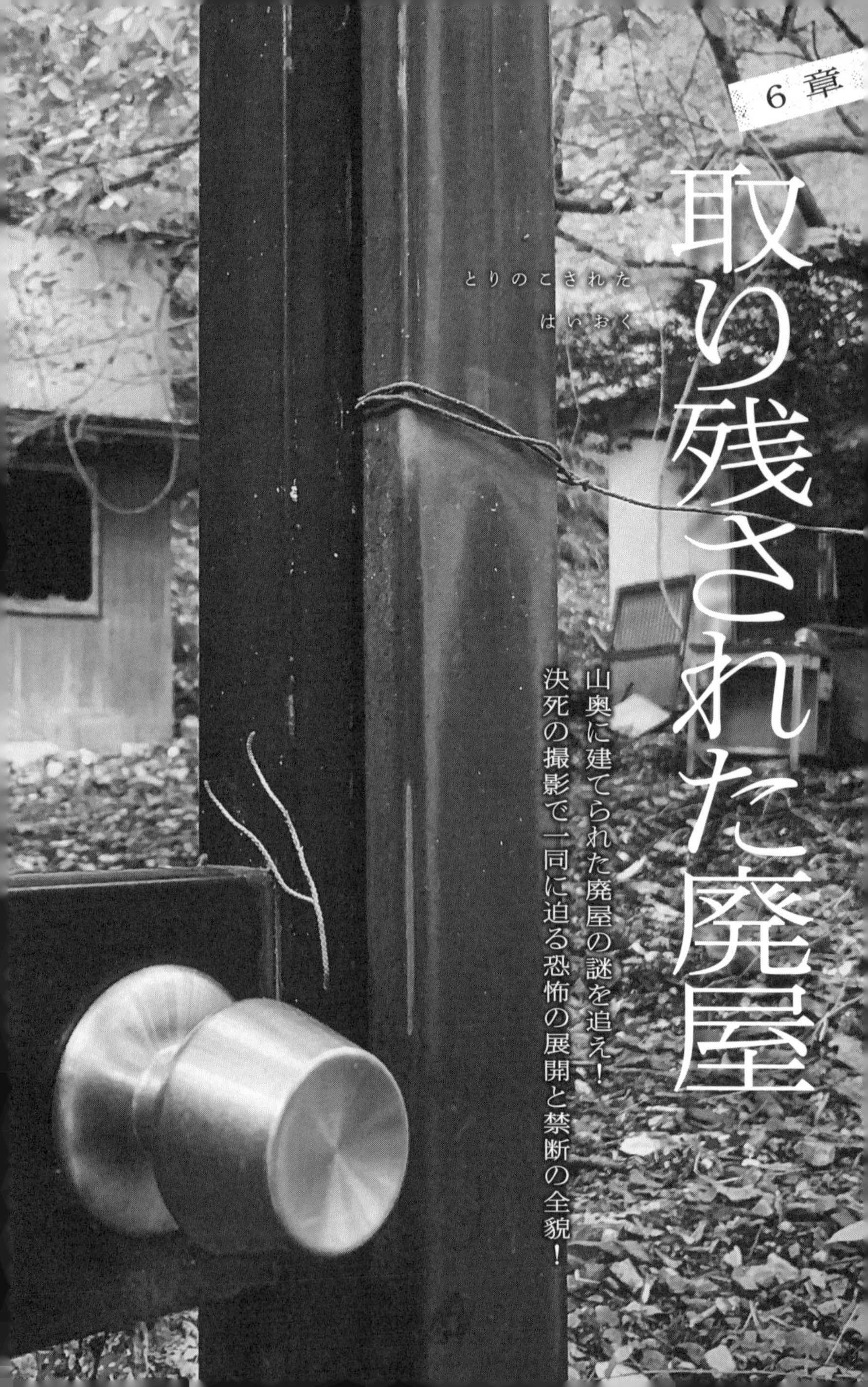

大阪府にある某山中の奥深くに建てられた廃屋。

入口には「信者以外の当敷地内への立ち入りは厳禁致します」と書かれた看板が立てられている。そしてその脇には「空き家所有者探しています」と書かれた行政の張り紙があり、その異様な光景ゆえ、一帯は不気味な空気を放っている。

まさに都市伝説のような存在であり、多くの謎に満ちている。

知名度	C	（まだ有名になっていない謎多きスポット）
恐怖度	A	（雰囲気がヤバい。呪われそう）
ゾゾゾポイント	4	

今回のスポットをはじめて訪れたのはめずらしく昼間だった。『関西の最恐心霊スポット20カ所行脚！　京阪神まとめて大突撃スペシャル！』というふざけた企画の11カ所目で足を運んだのだった。

20カ所行脚の企画は皆口と二人で心霊スポットを巡る。1日で20カ所行かなくてはいけないので、とにかく時間がタイトだ。しかも番組では1カ所につき30秒ほどしか映像が使われないので、とても採算が合わない。

大阪の中心部から自動車で423号線を北上する。視聴者の方からの情報提供によると、山中に取り残された不気味な廃屋があるらしい。

廃屋へ向かう登山道へは歩いて入るしかないため、近くの駐車場に車を停めた。しかたなく、そこからは徒歩で山道を登っていく。

移動時間も考えると1カ所に割ける時間はほんのわずかだ。山道を登ったり下りたりする時間をじれったく感じた。しかも荒れ果てた山道に、建物があるような雰囲気はない。携帯でマップを見ても、道すら表示されていないのだ。

20分ほど歩いて、本当に情報は正しかったのか？　と訝しみ始めた頃、お地蔵様が並んでいるのを見つけた。

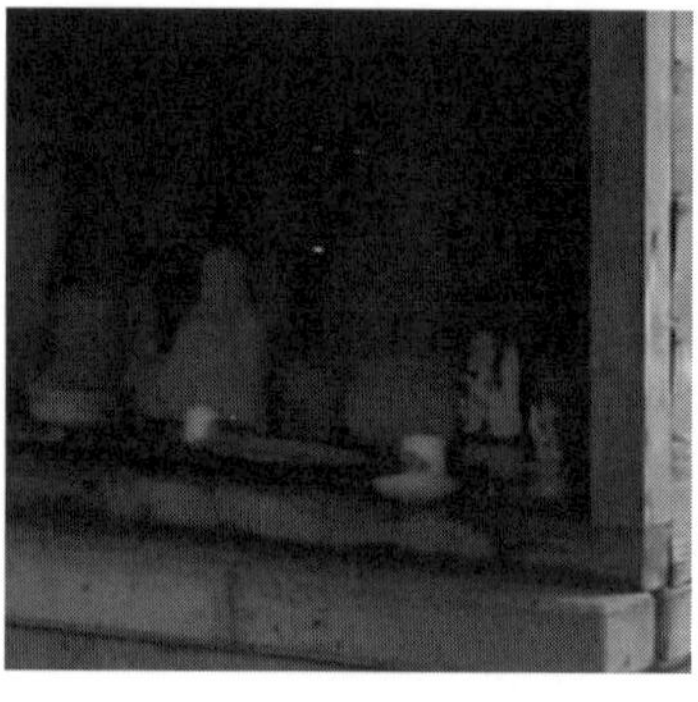

そしてそこから少し進んだところに、ボロボロのプレハブがあり、その少し先に2軒の廃屋が建っていた。朽ちているがどう見ても家だ。

山奥に普通の家が建っていること自体が、どこか狂っているように感じる。

もっと異様だったのは家の門の前に

「空き家所有者探しています
ご存知の事がありましたら、
下記連絡先までご連絡をお願いします!!」

という行政の張り紙があることだった。

ゾゾゾで何軒も廃屋は回ってきたけれど、こんな張り紙ははじめてだ。

この廃屋は勝手に建てられた建物で、そして家主は失踪してしまったのだろうか？

さらに隣には、

「信者以外の当敷地内への立ち入りは
厳禁致します。」

と書かれたしっかりとした看板が出されていた。

おそらくこれは失踪した家主が立てたものだろう。

「信者ってなんだよ？　宗教か？」

ものすごく気にかかったが、調べている時間は全くなかった。外から眺めて、山を下りる。

俺以上に皆口は後ろ髪を引かれている様子だった。


それで改めて、この廃屋を探索することになった。前回は外側からしか見ていないので、中をもう少し調べてみたい、ということらしい。今回は内田と山本も参加した。

全員で新幹線に乗り、大阪へ向かった。

新幹線で移動とはなかなかお金をかけたロケだが、ちっともうれしくはない。ゾゾゾはもうちょっと福利厚生に力を入れてもらいたいものだ。


四人で再び、登山道の入口に立った。

さてオープニングを撮影しようと思ったところで、山に登っていく人とすれ違った。もう時間は19時を超えている。

こんな時間にこの道を進む人がいるのかと驚いたが、声をかける間もなくその人はいなくなっていた。15分ほど待っても下りてくる気配はない。とりあえず「近所の人だろう」と結論づけ、オープニングの撮影を始めた。もし探索中にすれ違ったら挨拶すればいいだろう。

皆口が前回のおさらいがてら、このスポットについて説明をする。前回は外から確認しただけで、中は全く見なかった。

「うちの内田が、それで撮った気になってるんじゃないよ、と。やっぱり屋内を確認しないと行ったことにはならないんじゃないかと」

それなら内田に一人で行っていただきたい。

「今回の撮影……万が一の際には全部スタッフの内田が責任を持ちますので」

皆口が笑顔で言う。

いやいや、そもそも内田が事故りそうだ。

そして俺たちは、車も通れない、歩いてしか進めない山道を登り始めた。

陽の光のあるなしで雰囲気は全く変わった。夜の森はどこまでも暗く、闇がジワジワと体の中に入り込んでくるようだ。

進んでいる道は一応は登山道らしいのだが、ほとんど整備はされていないようだ。バンバン樹木は倒れている。もう何年かしたら、道であったことすらわからなくなってしまうかもしれない。突然ザザザッと森の中を何かが駆ける気配がした。猿……それとも鹿だろうか？神経がピリピリと張り詰めていく。

お地蔵様を通り過ぎると、途中で橋を渡らなければならないポイントがあった。ただ、橋といっても丸太が一本かけられているだけだ。

俺は前回の撮影でも渡ったのだが、映像では使われなかった。内田ははじめてだったので目を見開いて驚いている。橋の高さは2〜3メートルだ。下にはチョロチョロと川が流れていて、ゴツゴツと尖った石がいくつもむき出しになっている。落ちたら確実に怪我をするだろう。

内田は丸太をまたいでジリジリと渡り終えた。俺は絶対に落ちたくないので、腹ばいになって芋虫のように進む。なんで、俺は大阪の山の中で、『賭博黙示録 カイジ』の鉄骨渡りみたいなことをしてるんだ？ と悲しくなった。

「落合さん！ あの、落ちたらもう助からないので、なんかもし、ご家族への伝言とかあったら聞きますけど」

「本当に……今までありがとう。あの、銀行口座とか、そういうのは押し入れにちゃんとメモしてあるので。最期に

……めちゃくちゃつらい」

縁起でもない皆口の問いかけに、やけっぱちで答える。

渡っている途中で丸太がミシミシミシと不安な音を立てた。丸太自体はかなり古くなっていて、強度が落ちているようだ。

慌てて渡り終えて振り返ると、山本と皆口は彼岸でボーッと佇んでいる。

「え……来ないの？」

と叫ぶと、

「危ないんで」

と皆口が答えた。

え？　何言ってんだコイツ？

ここからは待機組と探索組にわかれ、電話を繋ぎっぱなしにして撮影を続けると言う。

「ハンディカム、そっち投げるので」

そう言うと、皆口はハンディカムをブンッと川越しに投げてよこした。内田が無事にキャッチする。精密機械を投げるとか何やってるんだ、と呆れかえったが、本当に二人とも橋を渡ってくるつもりはないようだ。

しかたなく内田と二人で廃屋を目指して進むことにした。内田が相棒《バディ》って、正直全く頼りにならない。

歩いていると、内田が俺を呼び止めた。

「ちょちょちょ、ちょっと待って……」

さっそくなんだよ？　と思ったが、内田は深刻な顔だ。

「……明かり見えません？」

俺は慌てて暗い森に目を向けた。

そこにはたしかに光があった。

人魂とか狐火とか、そういう淡い光ではない。しっかりとした人工の光だった。

つまり、森の中に人がいて、こちらを懐中電灯で照らしている。

恐怖が全身を支配した。

光は見えなくなったが、もしかしたらさっき山に入っていった人かもしれない。恐れを振り払い、声をかけようと光のあった方に近づく。登山道の脇道の方向だ。ボロボロの柵を越え、川沿いに向かう。

「すみませーん！　こんにちは！」

返事はなかった。人がいたと思われる場所に行ってみると、そこには墓のように石が立てられて、カップ酒がお供えされていた。

山本&皆口

山本と皆口は、お地蔵様があったポイントで待機していた。電話は繋ぎっぱなしにしていたが、山奥なので電波が途切れがちだ。苦労して通話をしているときに皆口は、ふと自分たちの後ろにある廃材が気になった。

「後ろ……ゴミだと思ってたんですけど、それゴミじゃないですよね？」

廃材のそばに寄ってみる。山本は小さく悲鳴を上げた。

その廃材は崩れた祠だった。

俺たちは元の道に戻り、黙々と廃屋に進んでいった。

さっきの人はどこへ行ったのだろう。もしかしたら地元の人で、他の道を知っているのかもしれない。それにしても、こんな暗い中を一人で歩けるものなのか……。

廃屋は前来たときより、ずっと遠くにあるように感じた。

やはりこんな場所に家があるのはおかしい。前回見たのは幻覚だったんじゃないだろうか？

自分の記憶を疑い出した頃、闇夜にスッと二つの廃屋が浮かび上がった。

異様な看板と張り紙もそのままだ。昼間よりもずっと禍々しい雰囲気を感じる。

俺たちは信者以外立入厳禁の敷地に足を踏み入れる。

まずは左側の廃屋に近づく。室内に入ったすぐのところに畳まれた紅白の提灯があった。おみくじが散乱しているのも見つけた。

こちらの建物は、宗教関係の施設だったのはたしかであろう。ゴミは散乱しているが、中には特に何もない。

もう1軒の廃屋に向かい、中を覗く。

「あー……おお……」

俺は思わず声を漏らした。

室内には祭壇があった。

金色の大きめの仏像が設置されて、その前にはカラフルな布の帳がかけられていた。ろうそく立てがいくつも並び、虎や龍が描かれた絵が飾られていた。明らかに宗教施設だ。

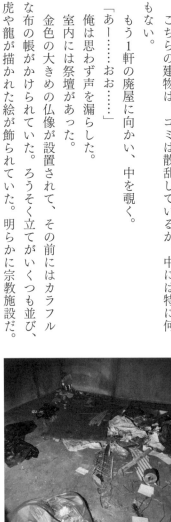

寺院のようだが、違和感がある。日本でよく見る寺とは雰囲気が違う。

位牌も祀られていたのだが、そこに書かれているのは日本人の名前ではなかった。全体的な色合いも韓国や中国の寺に近い。外国人が山奥に寺院を建てたのだろうか？そして、そのまま失踪してしまったのだろうか？

室内に残ったものから判断するに、少なくとも昭和50年代までは施設は生きていたようだ。

後から聞いた話だが、大阪や奈良には朝鮮寺と呼ばれる寺が存在しているという。多くは大阪の都心部の東側にある生駒山のあたりに建てられている。今回の場所は生駒山ではないが、西に5キロほど行った山中に韓国・朝鮮系の寺院が現在も運営され

ているようだ。だからこの廃屋も、もともとは朝鮮寺であった可能性は高いだろう。

ただやはり山中にあるきらびやかな寺の廃墟というのは異質だ。自分の目で見ているのに、どうにも現実感がない。

この廃屋に入った頃から電波が途切れ途切れだった内田の携帯だったが、とうとう完全に通話が切れてしまった。俺の携帯で内田が電話をかけ直す。

俺はぼんやり窓から外を見ていた。


そこには光があった。こちらを照らしている。


「ちょっとまーくん!! 照明消して……1回消して!!」

内田を押し倒しながら、壁の後ろに隠れる。内田はびっくりして声を上げる。

照明を消して外を見ると、そこにはやはり光があった。先程見た人工の光だ。

誰かが懐中電灯を持って立っている。

「誰かいる! 誰かいる!」

「誰か来たんですか……?」

繋ぎっぱなしになっている電話から皆口が問う。

「静かに静かに……静かにしてもらっていいですか? ちょっとしばらくの間……」

内田が押し殺した声で伝える。

光は動かない。

直立しているように見える。

オープニングの前にすれ違っていた人？

こんな夜の山の中で何をしてるんだ？

それともご近所の人？　こんな何もない山の中に住んでいる人がいるのか？

ひょっとして……信者の人だろうか。建物が壊れても、まだ信仰を続けている人がいるのかもしれない。

そういえば墓石に供えられたワンカップはそれほど古いものではなかった。

頭の中でグルグルと想念が渦巻く。

10秒か15秒か、しばらく声を殺してしゃ

がんでいた。直視できないが、光が動いた気配があり、外を見るとなくなっていた。周囲を照らすが、誰もいない。

俺と内田は慌ててその場から撤退した。


無事、待機組の待っているところまで戻った。

山本と皆口の方には、誰も来なかったと言う。

一本道だから、下りてきたら確実にすれ違う。その人は山の中にずっといるのだろうか？

集合して恐怖は薄らいだが、心の奥底には気持ち悪さが残った。


それにしても疲れた。

「さすがに明日帰るとか言わないでね？　明日一日は、必ず観光。わかった？」

俺は心からのお願いをする。

「あ、でも、今日もう帰りの新幹線のチケット取ってるんで」

皆口はシレッと言った。

せめて何か食べて帰りたかったが、新幹線の時間が迫っていた。

新大阪駅まで車を運転する。その道のりでは、『ゾゾゾの裏面』の撮影をさせられた。

俺はコンビニのサンドイッチをかじりながら、内田の話を聞き流した。

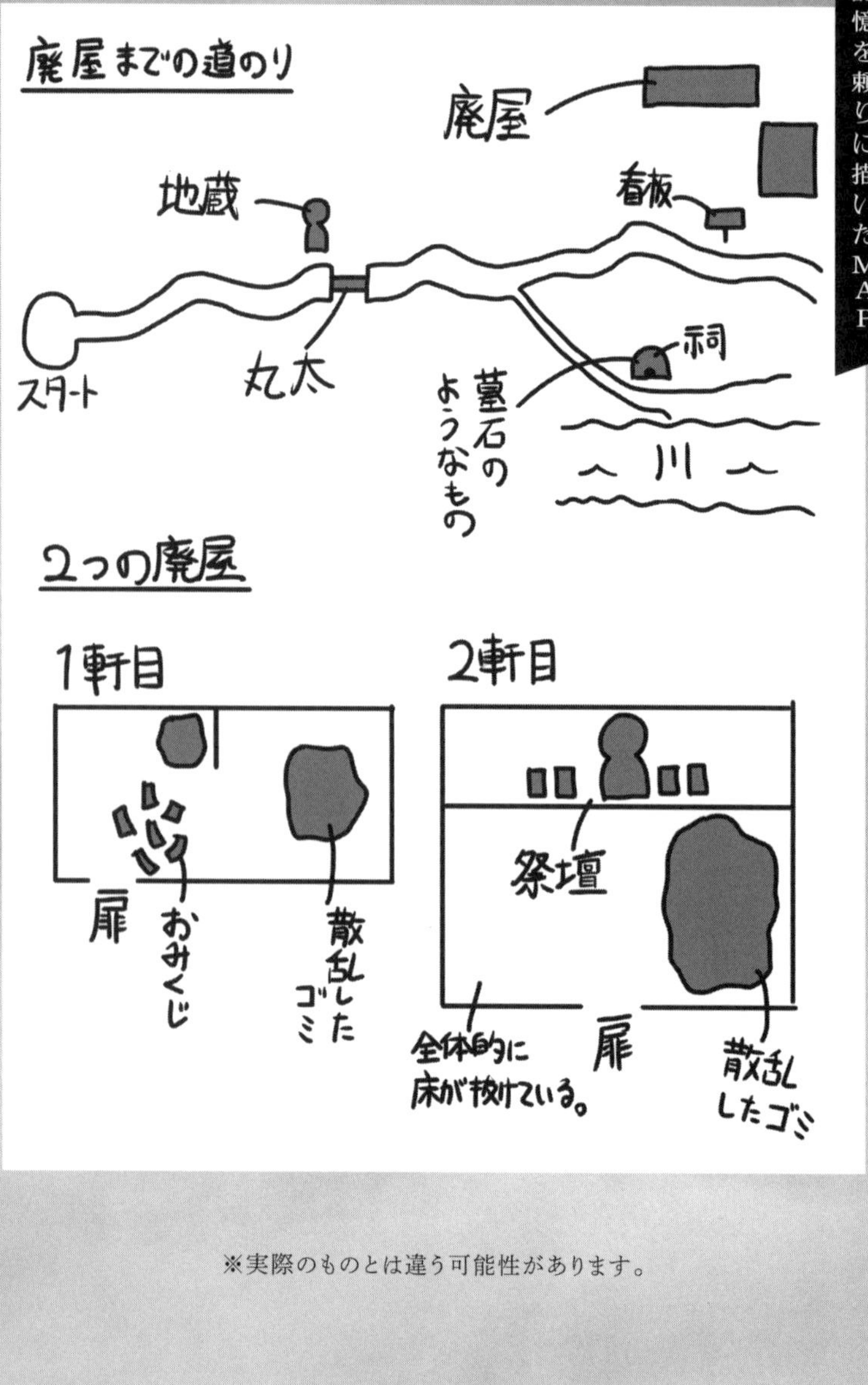

※実際のものとは違う可能性があります。

OFF SHOT

撮影後に廃屋の入口付近で撮った1枚。
早く現場から離れたいという気持ちに
満ちている。

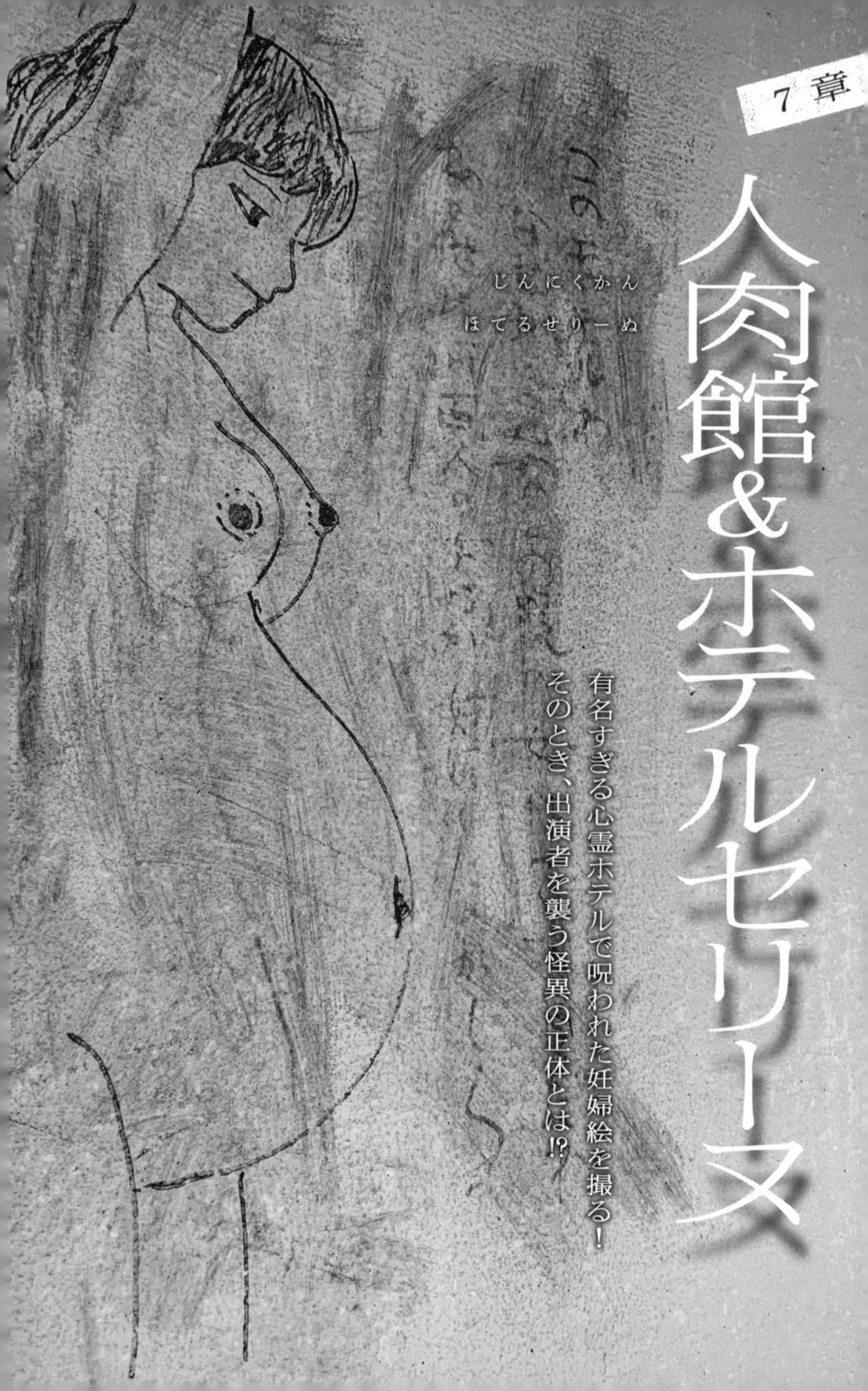

7章

人肉館&ホテルセリーヌ

じんにくかん

ほてるせりーぬ

有名すぎる心霊ホテルで呪われた妊婦絵を撮る！
そのとき、出演者を襲う怪異の正体とは⁉

〈人肉館〉

ここはかつて焼肉屋として営業しており、経営難により、人の肉を提供していたと噂されている。この恐ろしい噂以外にも、多くの霊現象が報告されているらしい。

知名度	B（地元では有名な肝試しスポット）
恐怖度	B（雰囲気がある。それなりに怖い）
ゾゾゾポイント	3

〈ホテルセリーヌ〉

全国的に知名度の高い廃ラブホテル。複数の部屋に描かれた不気味な妊婦絵が非常に有名だ。他にも、数々の凄惨な事件や怪奇現象が噂されている。

知名度	A（全国的に知名度の高い超有名スポット）
恐怖度	A（雰囲気がヤバい。呪われそう）
ゾゾゾポイント	4

今日もいつも通り、俺が運転して長野県までやってきた。長野県くらいなら、あまり遠く感じなくなっているのが怖い。

メンバーは皆口、長尾、たけるの4人だ。ちなみに内田は、心霊スポットだと噂された自宅を引き払い、新居に引っ越すための準備でお休みだ。

いや引っ越し当日ならともかく、準備で休むなよ。

最初の目的地は、松本市の浅間温泉があるあたりの山の中だった。

山道に自動車を停めて車から降りると、寒さが身に染みる。11月なのに気温は5度だ。長野を舐めていた。ガタガタ震えながら、たけるの説明を聞く。

「ここは当時焼肉屋で、経営難により肉の仕入れが困難になり、客に人の肉を出していたと言われていることから、『人肉館』と呼ばれるようになったと言う。この都市伝説のような恐ろしい噂の他にも霊現象が多く報告されている肝試しスポットとなっている、そうです」

人肉を提供していた……というのはもちろん怖いけれど、そんなことあるのだろうか。牛や豚の肉を仕入れるより、人の肉を入手する方が大変だと思うが……。

四人でザクザクと進んでいくと、木に囲まれた中にすぐにコンクリートの建物が見えてきた。白くむき出しの廃墟は、野ざらしになった白骨を連想させた。営業をやめたのはかなり昔の話だろう。コンクリートの壁以外、何も物が残っていなかった。

あたりを探っていたら、水道管やガス管、コンロやオーブンの跡があった。

「何かの料理を提供できた場所、作る場所だったたってことですよね」

長尾が言う。

建物の外側には階段がついていて屋上に上がることができた。テラス席になっていたのかもしれない。景観は森しか見えないが、昼間だったらそれなりに清々しい光景の中で食事ができそうだ。

ただ温泉街が近くにあるとはいえ、こんな山中で飲食店の経営は厳しかったのだろう。そして金銭苦に陥り、人間を殺してその人肉を提供していた……。

いや、話にものすごい飛躍がある。いかに家計が火の車だって、人肉は出さないだろう。

ただその噂はともかくとして、この廃墟

を歩いていてもあまり恐怖を感じなかった。目につくものは何もない、本当にスタンダードな廃墟というのが俺の感想だった。

ゾゾゾが始まってからかなりの数の廃墟・廃屋を回ったが、こんな普通の廃墟は久しぶりな気がした。ちょっと懐かしさすら感じてしまった。

結局、人肉を出していたという証拠が見つかることもなく、探索は終了した。

皆口が言った。

「ちなみにですね、〝人肉館〟っていう名前、〝ジンギスカン〟の聞き間違いって説もあるんですよね。要はジンギスカン屋だったと。で、それがどこかで間違えて、〝ジンニクカン〟になったっていう……」

そんな間違いあるか?

それにしても……コイツ証拠が発見できないの見越して、オチを用意してやがったな。それにしても何とも寒いオチじゃないか。俺の不満そうな顔を見て、皆口が言う。

「ということで、さっそく続いて2カ所目行ってみようかと。ジンギスカンは2軒目行った後にみんなでパーッと」

たしかにサッサと終わらせて、美味いものが食べたい。

再び自動車に乗り込んで次の場所に向かう。

「2軒目のスポットも長野県内です」

そう皆口に言われ、「近くなんだ」と思い込んで発車した。だが長野県は広かった。直線距離で60キロ以上離れていた。松本市から長野市を越えてさらに北部の山の中だ。東京駅から直進距離で60キロ離れた場所と言えば、神奈川県の小田原とか、千葉の房総半島とか、そのあたりになる。つまりめちゃくちゃ遠い。

実際の距離は110キロあり、1時間半以上かけてやっと目的地に着いた。


自動車から降りると寒気でモヤが出ていた。人肉館よりずっと冷え込んでいる。

「ホテルセリーヌ」は見るからに不気味な建物だった。暗闇に薄汚れたコンクリートの建物が浮かび上がる。

たけるが再び説明を始める。ホテルセリーヌには恐怖のエピソードがいくつかあるらしい。

「一つは、妊婦の不気味な落書き。その落書きはホテル内に何カ所も描かれているらしく、望まずして妊娠をしてしまった女性の嘆きと、その末路が物語のように綴られており、中でもその女性の最期と言われている腹部に包丁が刺さり、顔が黒く塗り潰された絵が非常に危険なのだと言う」

それ以外にも、暴漢に襲われた女性が自殺した、ホーム

レスが駐車場で暴行され焼き殺された、などの噂も囁かれているらしい。相変わらず、嫌な話のオンパレードだ。

ホテルセリーヌはかなり横に長い、大きいホテルだ。1階の駐車場に自動車を停めて、階段でダイレクトに部屋へ行くスタイルのモーテルだ。ファーストシーズンで登場した千葉の「ホテル活魚」によく似た造りだ。

長尾が神妙な顔でつぶやく。

「とうとう来ましたね……ホテルセリーヌ」

俺は全く知らない場所だったが、ホテルセリーヌは巷で有名な心霊スポットらしい。

皆口の指示で、俺とたけるは1階の駐車場部分を、皆口と長尾が2階のホテル部分を探索することになった。


1階の駐車場部分は、噂ではホームレスが暴行されて焼き殺されたという。噂が真実なら、焼け跡が残っているかもしれない。

広い駐車場を懐中電灯で照らしながら歩く。ホテルに関連するようなものは残っていない。

奥の方に行くと、ジュースの缶、酒瓶、食べ物のパッケージなどが散乱していた。ボロボロの雑誌も落ちていて、

発行日を見るとかなり古いものだった。

どうにも食べ物や飲み物の跡が気持ち悪い。霊的な嫌悪感ではなく、虫やら何やら変な生き物が発生してそうな気持ち悪さだ。瓶の中をあまり見ないように探索する。

「少なくともここに人がいたみたいですね」

たけるが言う。たしかに、ひょっとしたらホームレスがここに住んでいたのかも知れない。

「ただここは本当に山の中だからなあ。最寄りのコンビニまで2キロくらい離れてるし。他に何もないのに、ここに住むかな?」

何より、この寒さだ。冬場はこたえるだろう。焼き殺されなくても、凍死してしまう。

心霊スポットにやんちゃな人たちが肝試しにやってきて、ついでに酒やら何やらを持ち寄ってどんちゃん騒ぎした、と考える方が辻褄は合う気がした。

とにかく駐車場には人が燃やされたような跡は見つからなかった。

皆口&長尾

皆口と長尾は狭い階段を上って2階に進んだ。部屋同士は狭い廊下で繋がっていて、いちいち1階に下りなくても移動できる。

2階に上っていきなり、噂の妊婦の絵を見つけた。妊婦は横向きで両手を上げている。廃墟によくある落書きとは違い、描き慣れている雰囲気がある。筆致から何とも言えない、エログロさがにじみ出ている。
絵の横にはおそらく、この絵の作者による文章が書かれていた。最初の方はかすれていて読めないが、最後の1行はわかる。

「誰の子供か分らないの　臨月なのよ」

廊下を進んで、一つずつ部屋を確かめる。次の妊婦絵は物置のような部屋で見つかった。

「私わ妊娠9カ月の人妻なの
妊婦わ不倫してももう妊娠する心配はないのよ
夫が出勤したあとTEL下さい」

誰かの妄想なのだろうが、恐ろしく気持ちが悪い。文章の最後に電話番号が書かれているのが生々しい。

二人はかつて、おそらく客室として利用されていたであ

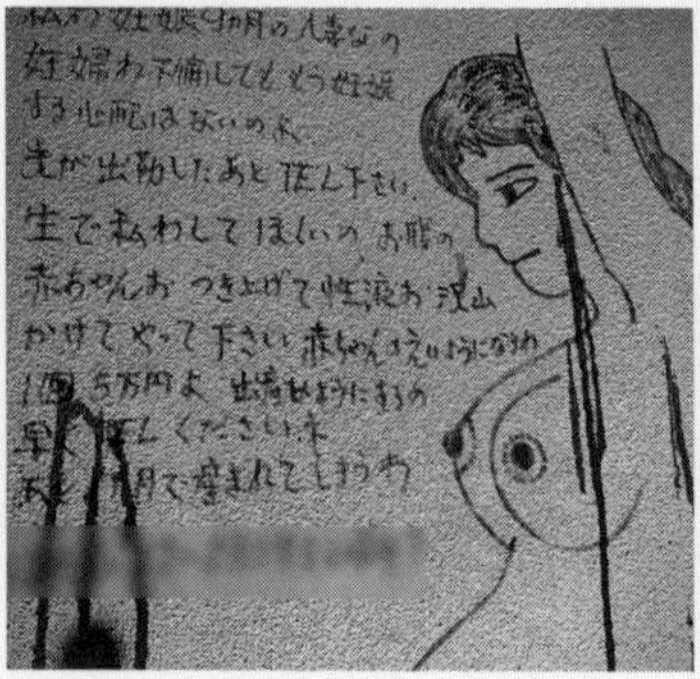

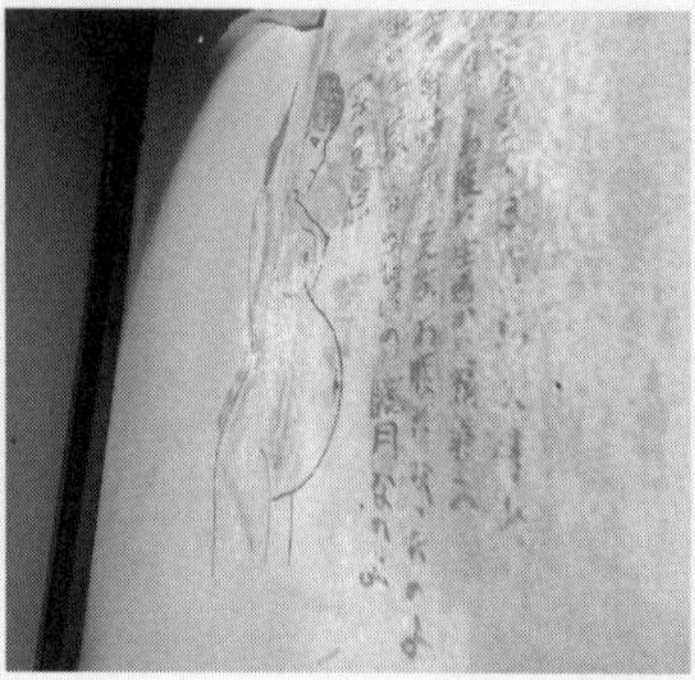

ろう部屋へ入った。

「うわあ、昔のホテルって感じですよね……」

けばけばしい赤や紫のベッド。だが床は畳だ。ホテルの雰囲気にそぐわない緑の森や空などの壁紙が貼られている部屋もある。皆口が言う。

「壁紙といい、畳の上にベッドといい、廃墟になる前からちょっとおかしかったんじゃない？」

妊婦の絵は1枚ではなく、いろいろな場所にいくつも描かれていた。似たようなタッチの絵だが、物語は進んでいるようだ。そして、この女性の名前も書かれている。

いくつめかの部屋で壁の異変に気がついた。壁紙がカッターのようなもので切り取られ、剥ぎ取られているようだ。他の部屋にも切り取られた痕跡があった。

「すごくない？　心霊スポットの落書き切り取って持って帰るなんて……聞いたことないよ」

めずらしく嫌そうな声で皆口が言う。

「まあそれくらい、言ってしまったらカルト的というか、有名なものだと思うんで……」

「なんかさ、落書きが女性の最期に向けて進んでいくっていうのに合わせてこうやって探索していると、すごい、次を見たくない感覚になるよね」

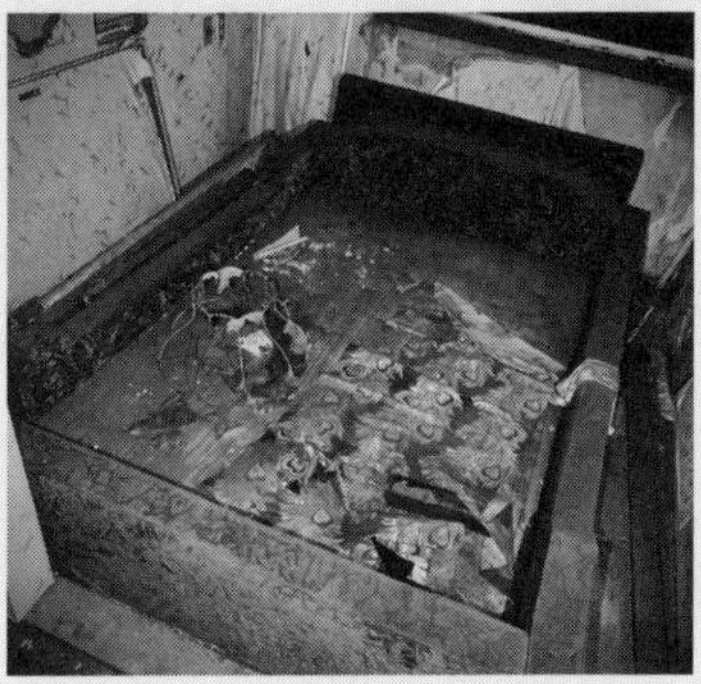

皆口の言葉に、長尾も同意した。

「ああ……これか」

その部屋の中を見た長尾は思わず声を上げた。

最期の妊婦の絵は、顔が黒く塗り潰され、腹に包丁が刺さっていた。

文章はかすれていてほとんど読めないが、妊婦の台詞が書かれているようだ。

「再び義父の子種を入れられ
誰の赤ちゃんが宿っているのか
夫は自分の子供と信じてるのよ
お腹を裂いて」

読み取れる部分だけでも嫌な気分になる。

妊婦の右側には、やはり顔の部分が黒く塗り潰された、昆虫の羽を持つ妖精のような絵が描かれていた。

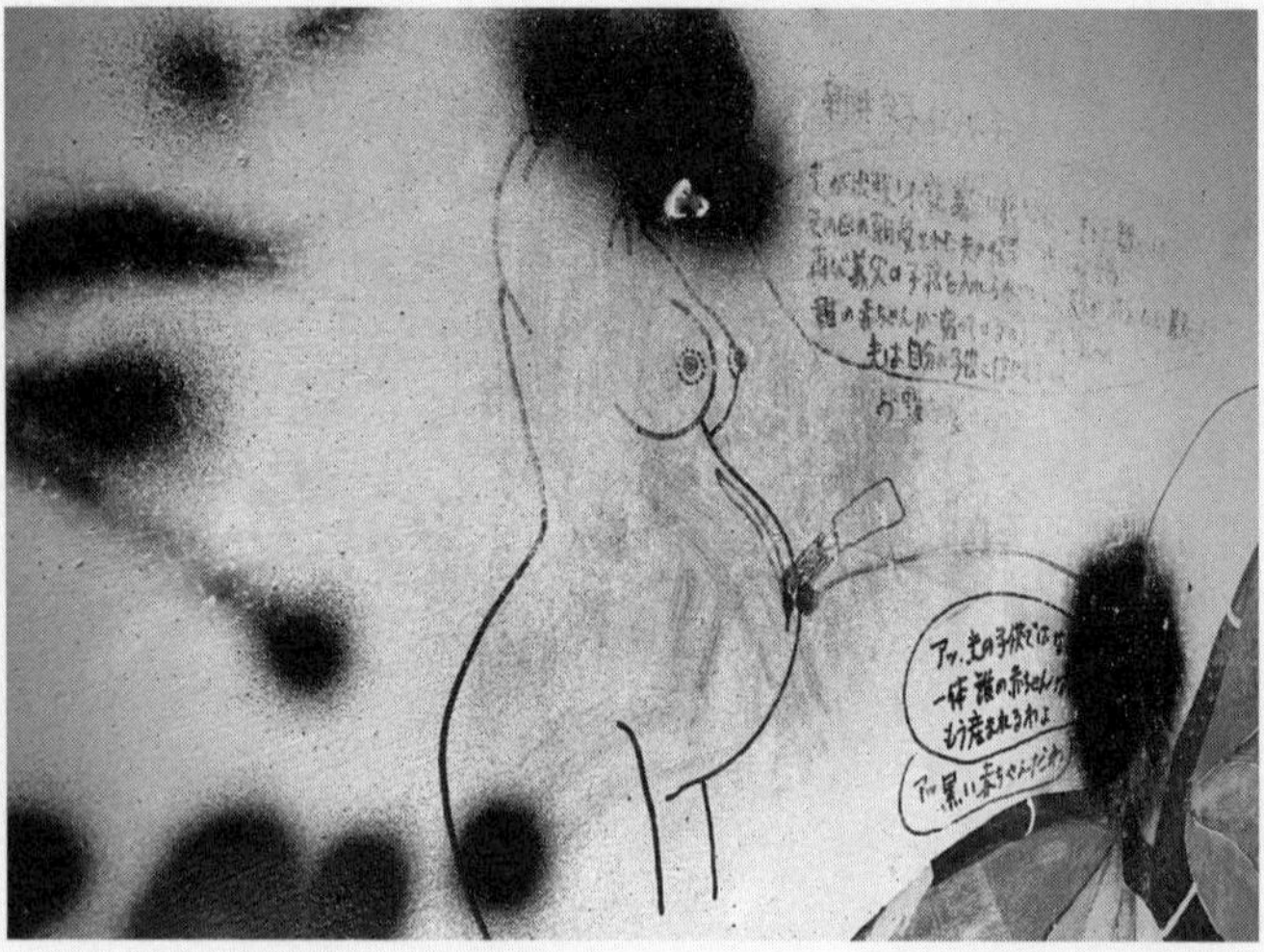

妖精は、

「アッ夫の子供ではない
一体誰の赤ちゃんなの
もう産まれるわよ
アッ黒い赤ちゃんだわ」

と囁いている。

黒い赤ちゃん……。

皆口と長尾は不気味さでしばし言葉を失った。


「ありました……」

1階へ下りてきた皆口が言う。

全員で、危険だと言われる最期の妊婦絵のところに向かう。

1階には落書きはなかったので、俺はいきなり顔が黒く塗り潰された妊婦と対面した。

「うわあああ……!! 気持ち悪いな、これ……」

俺は思わず声を出した。

「視聴者の方から『妊婦の絵を10枚続けて撮ると怪異が起きる』という情報をいただいておりますので……」

皆口はこちらを見ると、カメラを渡してきた。

「ぜひ落合さんに10枚、お写真撮っていただきたいなと」

急に「俺が？」と戸惑ったが、今回はたいして怖い思いをしていないので、しかたがない。

三脚にカメラをセッティングすると、三人はとっとと1階へ退却してしまった。

一人ジッと絵を見つめる。

どういう気持ちでこの絵を描こうと思ったんだ？　頭おかしいだろ……。

絵の放つ不気味さが心にダメージを与えてくるのを感じる。

とにかく10枚の写真を撮ることだけに集中した。だがホテル内は暗く、なかなかピントが合わない。写真を1枚撮るごとに体がゾワゾワする。

数枚撮ったところで、何枚撮ったのかわからなくなってしまった。

「……アー……ンー……」

そのとき、急に歌が聞こえてきた。

ハッキリとした音色だ。最近流行りの女性の歌のように聞こえる。

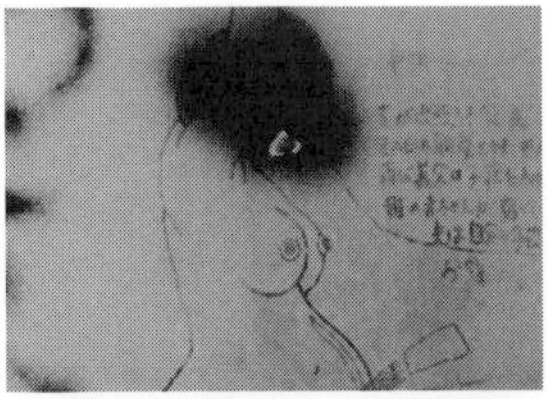

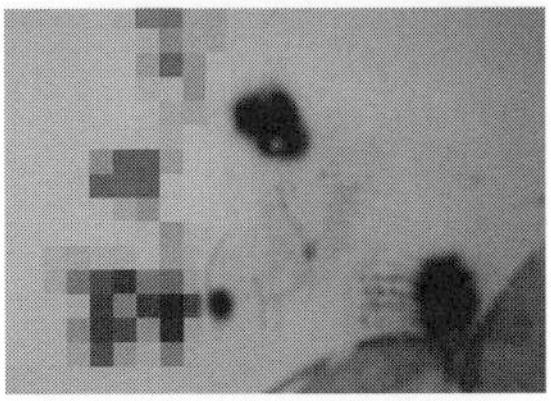

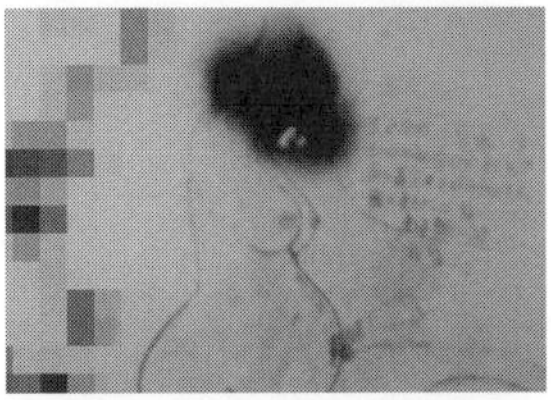

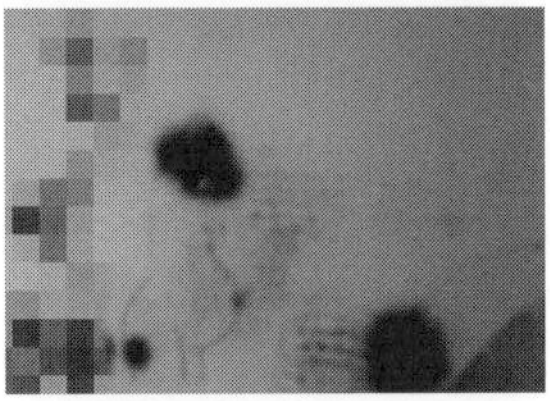

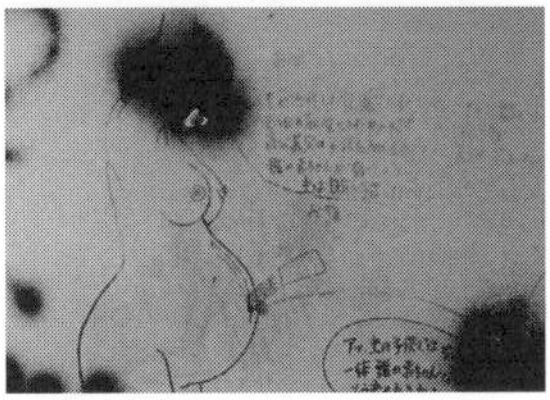

待機組が気分転換に音楽をかけているのかもしれない。カメラに入っているとまずいと思い、電話をかけた。

「なんか歌みたいなの入っちゃってるよ?」

皆口は戸惑った口調で答える。

「建物の横が道路なので、もしかしたら車……かもしれないですけど」

「何もそういうのは聞こえてこないですけどね」

長尾も言う。いや、たしかに聞こえたんだけどな、と俺は当惑した。

このときの感情は「怖い」というより「キョトン」という感じだった。それだけハッキリと歌は聞こえていたのだ。

とにかく急いで写真の撮影を終えて、みんなの元へ戻った。

「10枚撮って何か起こりました……?」

「いや、わからない。10枚撮ったかわからない」

「え?」

皆口に非難がましい目で見られるが、怖かったんだから、しかたない。

「三脚持ってきて終わらせちゃうんで、駐車場で待っててもらっていいですか?」

皆口は長尾を連れて、ホテルの中に戻っていった。

皆口&長尾

「ん？ ……上から声が聞こえた。『アー』みたいな」

階段を上りかけた長尾が言う。

とりあえず急いで回収してしまおうと、二人で足早に階段を上がっていく。


妊婦の絵を10枚撮ったら怪異が起こる。


三脚をばらしていく。

手が震えて、時間がかかる。

小さい音だが、〝歌〟がはっきり聞こえる。

つい後ろを振り向くが、真っ暗な廊下が延びているだけだ。

なんとか回収作業が終わる。

「とりあえず……行きますか……ちょっと待って、後ろ嫌だ」

長尾の歩調が速まる。

「パニックにならないように……パニックにならないように……ちょっと待って、無理無理無理無理!!」

長尾はすっかり狼狽している。

いつもは冷静な皆口までも恐怖に取り憑かれてしまい、大慌てで階段を下りた。


「なになになに？　なんかあったの？」

皆口と長尾の慌て具合にびっくりして聞く。

〝歌〟が聞こえた、と二人は言った。

「最後、落合さんが10枚連続撮った後が……あの、空間がもう、さっきまでいたのと全然違うって感じはしましたね……」

たびたび怖がって理性を失いそうになる長尾だが、今回はこれまでと比べても特別に怖かったようだ。

撮影を終えて、東京までの3時間以上のドライブの間もまだ皆口と長尾の二人は恐怖に囚われているようだった。長尾に至っては、すっかり意気消沈してしまっている。

結局、帰路についた時点ですでに真夜中で、絶対にジンギスカン屋は閉まっている時間になっていた。

「また今日もコンビニ飯か」

嘆きながら俺はアクセルペダルを踏んだ。

俺は正直、今回のスポットは二人ほど怖いとは思わなかった。

ただ写真を撮っているときに聞こえてきたあの〝歌〟は一体なんだったのだろう？　といまだに気になっている。

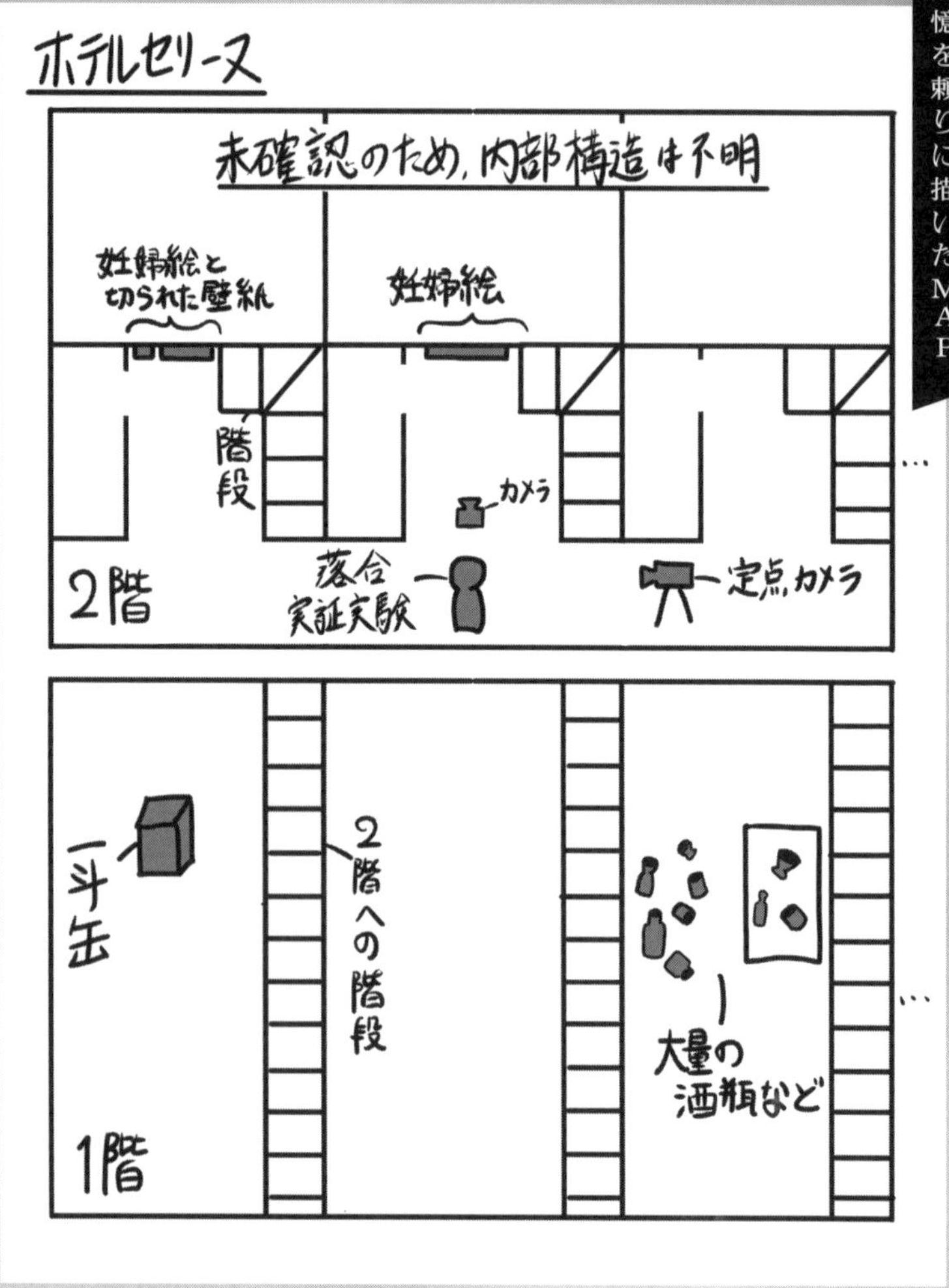

※実際のものとは違う可能性があります。

OFF SHOT

撮影後に建物前で撮った1枚。
実証実験で感じた恐怖が収まらない
表情の落合。

8章

ある少女と鉄格子の家

〈ホワイトハウス＆ブラックハウス〉

監禁された少女の霊に隠された悲しい真実。
二つのスポットを巡る恐怖の心霊レポート！

あるしょうじょとてつごうしのいえ
ほわいとはうす
ぶらっくはうす

〈ホワイトハウス〉

娘の精神病治療のため、東京から引っ越した一家が住んでいた家。病気が悪化した娘は2階に監禁されるが、家にあった猟銃で家族全員を惨殺し、逃亡したとされる。

〈ブラックハウス〉

一家を惨殺した後、少女が最期にたどり着いたと言われる建物。天井から大きなフックがぶら下がっており、少女はそのフックを使って自ら命を絶ったと言われている。

知名度	A	（全国的に知名度の高い超有名スポット）
恐怖度	B	（雰囲気がある。それなりに怖い）
ゾゾゾポイント	4	

知名度	B	（地元で有名な肝試しスポット）
恐怖度	A	（雰囲気がヤバい。呪われそう）
ゾゾゾポイント	5	

今日も今日とて、俺が運転して現場を目指している。

今回の目的地は新潟県だ。新潟県でも日本海側だからかなり遠い。5時間半ほどかかってやっと到着した。メンバーは俺、皆口、長尾、たけるの四人だ。

ちょうど日本海に日が沈む時間だった。思わず見とれてしまう雄大な景色だ。

「はじめて見たかもしれないです、日本海」

長尾が少しうれしそうに話した。

だがすぐに日は落ちてあたりは暗闇に包まれた。暗くなってからがゾゾゾのお時間の始まりだ。

皆口がスポットの説明をする。

「本日は新潟県にある2カ所の心霊スポットを回りたいと思うんですけれども、その心霊スポットは〝一人の少女〟に繋がる場所になります」

意味深な口調で語る。

「通称『ホワイトハウス』。ここには、とある一家が住んでいました。娘の精神病治療のため、東京から引っ越してきたと言います」

少女は精神病を患っていて、その治療をするためにこの地に引っ越してきたという。

しかし病気はよくなるどころかますます悪化してしまった。ついに家族は娘を2階に隔離した。外へ飛び出さないように、窓に鉄格子までつけた。

しかし少女はある日隙を見て父親の猟銃を盗み、家族全員を惨殺した。そしてそのまま逃亡したという。

「その後、廃墟となったこの家では霊の目撃情報が多く報告され、有名な心霊スポットになったそうです。ちなみに、ここで目撃される霊は惨殺された家族の霊ではなく、精神病を患い殺人鬼となった娘の霊と言われています」

皆口はしんみりした顔で話し終えた。

たしかに怖い話ではあるのだが、妙に情緒的だ。なんだかいつもと毛色が違う。


海岸沿いから少し山の方に歩いていって現場に着いた。

パッと見は普通の一軒家だ。外装が白かったから、ホワイトハウスと呼ばれたのだろう。しかし現在は落書きだらけで殺伐としている。

玄関で入るのを躊躇していると、長尾が玄関の上部を見てつぶやいた。

「なんか、シャッターがあったって感じですね……」

たしかに、錆びついた機械がついていた。ハンドルを回転させるとシャッターを開け閉めできたようだ。

「普通の家、あんまりシャッターないですけどね、入口に」

緊張しながら中に入る。全体的にボロボロになっている

が、鉄筋コンクリート製の建物なので芯の部分はしっかり残っている。

　家の中はめちゃくちゃに、完膚なきまで荒らされていた。荒らされすぎていて、もともとどんな部屋だったのか全く想像がつかない。

　壁には至るところにおびただしい数の落書きがあるのだが、落書きの上に、さらに何重にも落書きされてもう酷い有様になっている。

　入ってすぐの天井を見上げて、長尾が言った。

「これたぶん……階段があったんじゃないですか」

　階段はごっそりとなくなっていた。そして、その部分の天井にはポカリと穴が空いている。

　2階には上れないが、その穴から覗き見

ると落書きは2階にもあった。廃屋になったときにはまだ階段はあり、しばらくしてなくなったということになる。

「でも鉄骨で造ってるんだったら、階段もしっかりした造りのはずなので」

「素人が壊せるの?」

「いや、なかなか壊すことはできないですけどね……」

俺が聞くと、長尾は弱々しく否定した。

「誰かが……おそらく解体業者が階段部分を取り壊したんでしょうね」

ふと違和感に気がついた。

なぜわざわざ階段だけ取り壊したのだろう?

放置するならすべてを放置する、取り壊すならすべてを取り壊す、ならわかる。だが階段だけ取り壊すという選択の意味がわからない。

娘を隔離していた2階の状態を見られたくなかったのではないか、と皆口が言う。

「〝2階は見るなよ〟って感じで階段だけ解体業者が……」

その仮説を聞いてもやっぱり腑に落ちなかった。

そして噂通り、2階の窓には鉄格子がついていた。

しかも大きい窓だけではなく、小さい窓にもしっかりと鉄格子がつけられていた。ちなみに1階の窓には鉄格子はない。

「普通、防犯とかだったら1階に鉄格子あってもおかしくないですけど……1階にもあって、2階にもある、だったらいいですけどね」

長尾の目がどよんと暗くなった。

2階にだけ鉄格子をつけた理由は、2階にいる人を外に出さないためだろう。少女を監禁していたという話が真実味を帯びてくる。

探索を続けると奥に小さな部屋があった。ここもシャッターがある。車庫のようにも見えるが、天井が低く、車を入れるにはギリギリだ。

そこにはかつて使われていたのであろうドアが置かれていた。触れると冷たかった。鉄板のドアだ。長尾がまた表情を曇らせる。

「民家にしては〝鉄板〟とか〝鉄格子〟とか〝シャッター〟とか、かなり厳重すぎるほど厳重かなと思いますね。……一体、何から守ろうとしてたのか」

噂を信じるなら娘を絶対に出さないように厳重に家を塞いでいた跡なのだろう。

「でも、自分の娘でしょ？　自分の娘がそうなったとして、やるか？　そこまで……」

強烈な違和感がある。この家族に何があったのだろうか。

撮影を終え、最後にメンバーそれぞれが建物の写真を撮った。

俺は外から2階の鉄格子のあたりを撮影していた。すると急にカメラの様子がおかしくなった。カ……シャ、カ……シャ、カ……シャとゆっくりしたスピードでシャッターが勝手に落ちた。

「え？　なんだ？　びっくりした。こわっ……」

慌てて今撮影した画像を開いてみる。1枚目には、グシャグシャになった光の筋がいくつも入っていた。

数枚は通常通り撮れていたが、最後の1枚を開こうとすると、

「？　表示できない画像です」

と文章が現れた。このカメラを使い始めてずいぶん経つが、こんなテキストが出たのははじめてだった。意味がわからず、ゾッとする。

写真は後でパソコンで確認しようということになり、次のスポットへ向かうことにした。ホワイトハウスには1時間程度いただけだったが、しっかりテンションは落ちた。

「次行くスポットがですね、ここで一家を惨殺した少女が、最期にたどり着いた場所になります」

皆口によると、その場所は通称「ブラックハウス」と呼ばれる。

少女はホワイトハウスを後にしてから、周囲を彷徨ってそこにたどり着いた。建物に入ると天井から大きなフックがぶら下がっている。罪の重さに耐えかね、少女はそのフックを使って自ら命を絶ったと言われているそうだ。

少女が徒歩で向かった場所なら、そう遠くはないはずだろう……と思って、場所をナビに入力する。20キロほど離れていた。ずっと部屋に軟禁されていたわりには、なかなか強靭な足腰を持った少女だったようだ。

俺たちは自動車なので20分ほどで現場に到着した。ただ、すぐには建物を見つけることはできなかった。

まずかなりの急斜面をロッククライミングをするような要領で登らなければならなかった。そして5メートルほど登った後に、またしばらく歩いた。周りには木が生い茂っている。こんな山の中に建物があるなんて本当かよ？　と疑心暗鬼になってきたとき、突如目の前に巨大な建物が現れた。それは想像よりもずっと大きい建物だった。

　何もない山奥に、巨大な施設が建造されている。霊的な恐怖ではなく、ＮＡＳＡの秘密基地を見つけてしまったようなヤバさを感じた。

「ブラックハウスの近くには『自殺電波塔』と呼ばれる塔があるらしく、その電波塔から放たれている電波がこの場所に自殺志願者を引き寄せていると言われています。少女も引き寄せられたのかもしれません」

　皆口が説明した。

　自殺電波塔っていうのはすぐには信じられないが、電波に引き寄せられでもしない限りここにたどり着くのは無理だとも思う。

「例の電波塔の管理施設とか、そういったものになるのかな……」

　たけるが言う。そうかもしれない。ただ、それにしても大きすぎる気もする。

　建物の空いているところから中に入り、探索する。鉄筋コンクリートの丈夫な建物だが、木製の部分はすべて朽ちて壊れ、ほとんど何も残っていない。2〜3階建てのようだが、入り組んでいて複雑な造りだ。

壁に書かれた落書きを見ると、１９６６年、１９６９年、１９７２年、とかなり古い日付が書かれていた。ということは廃墟になったのは、それ以前だろう。たしかに半世紀以上前に廃墟になったような荒廃ぶりだ。

「西暦と日付の落書きを見ると、〝学校〟を思い出すなって……卒業生とかが彫ったりするじゃん、机に」

　ふいに皆口が言う。近くに中二、小二、小三という落書きもあった。

　わずかに残ったトイレの跡も位置が低い。

「この雰囲気はもう、小学校……」

　階段の手すりや手洗い場を見て、長尾も同意する。

　こんな山の中に学校を造ったって、子供たちは通えないのではないだろうか。ただそう思って見ると、小学校にしか思えなくなってくる。

　学校に行ったことのない少女が、学校に憧れて、学校と見間違えてここにたどり着いた。そしてここを最期の場所として選んだ。

　ずいぶんセンチメンタルなストーリーだが、想像すると

切ない。

「通いたかったけど、通えなかったから……」

「偶然ここに来たんじゃなくて、目的を持ってここに来たっていうことだよね……」

長尾の言葉に答える。


その後もしばらく探索したが、肝心のフックがある部屋は建物を一周しても見つけられなかった。

入ってきたところに戻ると、奥にまだ足を踏み入れていない狭い部屋があるのに気づく。

おそるおそる中に入ると大量の木の枠が落ちている。しっかりした残留物ははじめてだった。

そして木枠と一緒に紐も落ちていた。真上の天井を見ると、錆びた金属が刺さって

いる。かつては金属製のフックだったのが、錆びて落ちてしまったのだろう。

木枠はフックに向かって積み上げられているようにも見える。

「ここに乗っかって……っていう可能性はおおいにあると思います」

「この紐、何が怖いって、錆がついてるんですよ。フックに結び付けてあったんじゃないですか？」

長尾と皆口はフックと紐について話していた。

だが、実は俺はそれどころではなかった。

俺の耳には、部屋に入ったときから時折、

「あぁー」


という、女の人の声が聞こえていたのだ。

俺はあんまり「聞こえるタイプ」の人間ではない。むしろ「聞こえるタイプ」を訝しがることの方が多い。内田はどこのスポットに行っても、

「今、人の声が聞こえませんでした？　今聞こえましたよね？」

と騒ぐ。そのたびに「本当かよ？」と疑っていたのだが、今は俺の耳に、

「あぁー」

と声が聞こえる。

「今、女の人の声聞こえたよね?」

「そういうのいらないっす。撮れ高とか気にしなくていいですから」

皆口に小声で聞くと、ものすごくつれない対応をされた。

俺もいつも内田に同じような対応をしているから文句は言いづらい。

ただ、俺の耳にはその後も定期的に

「あぁー」


と声が聞こえてくる。

みんながフックで盛り上がっているときも、俺だけは声が聞こえてくる方向を探していた。

その後、フックのくだりが終わり、皆口が俺の話に乗ってきた。

「誰かいるかもしれないんで、一応確認だけしてみます?」

いつまでも俺が、明後日の方向を向いているから、少しは同調してやらないとかわいそうだと思ったのかもしれない。

外へ出て、声のする森の奥を見る。

「あぁー」

全員が「はっ」と全く同じ方向を向いた。

俺と皆口、そして長尾とたけるの耳に、同時に女性の声が聞こえた。

冷水をぶっかけられたような気分になった。爆発的に増殖した恐怖心でパニックが起きそうになる。俺は反射的に長尾の後ろに隠れて顔をうずめた。

風の音や、動物の鳴き声だったと思いたかった。だが、どうにも人の声にしか聞こえなかった。もう22時を過ぎている。こんな自殺スポットに生きている人がいたとしたら、それはそれで怖い。

皆口は声の方を確認しにいこうと言う。三人で止めるが、どうしても折れない。

「……行きます？」

長尾が諦めたように言い、俺たちは声が聞こえた方向に進み出した。

長尾の顔を見ると、吐きそうな顔になっていた。本来なら逃げ出したいところなのに、逆に恐怖の源泉に向かって歩いていくのだ。そりゃこんな顔にもなる。

少しだけ進んだところで、長尾が短い悲鳴を上げた。

「待って！　あった……」

その視線を目で追うと、闇夜にギラリと電波塔が立っていた。

自殺者を引き寄せる電波を放っていると噂される自殺電波塔。その存在感は圧倒的だった。

冷や汗がつつっと背中に流れるのを感じた。

「あぁー」という声は、電波塔から飛び降りるときの断末魔の声かもしれない、とふと考えてしまう。

「……あそこ行けないよ……行くんですか？」

長尾が言う。たしかに全面にヤブが生い茂っていて、先に進むのはかなり難しい。

だが、そういうことではない。

俺には恐怖を振り払って、電波塔に向かって歩き出すことはとてもできなかった。

普段なら冷酷に「行ってきてください」と指示する皆口もさすがに何も言わなかった。

俺のデジカメで電波塔の写真を撮る。青い光が写った。

「終わりにしましょう……」

皆口の言葉をきっかけに、俺たちは逃げるようにその場を離れた。

結局、本当に少女がそのようなドラマチックな顛末を迎えたのかどうかはわからない。

ただ実際に、同じ声を全員で聞いた。こんなことははじめてだった。

それは事実であり、あまりにも強烈な経験だった。

「今日は本当に、みんなで夕ご飯を一緒に食べよう‼　……絶対」

エンディング撮影のときにみんなに宣言する。しばらく一人になりたくなかった。ただ深夜に開いている店もなく、結局コンビニで適当なご飯を買ってホテルに戻り、黙々と食べた。

　全員がおそらく脳内で

「あぁー」

　という少女の声を思い出しながら。

　後日、ホワイトハウスで撮った写真をパソコンで開いてみた。

「？　表示できない画像です」となっていた写真には、真っ黒な何かが写っていた。

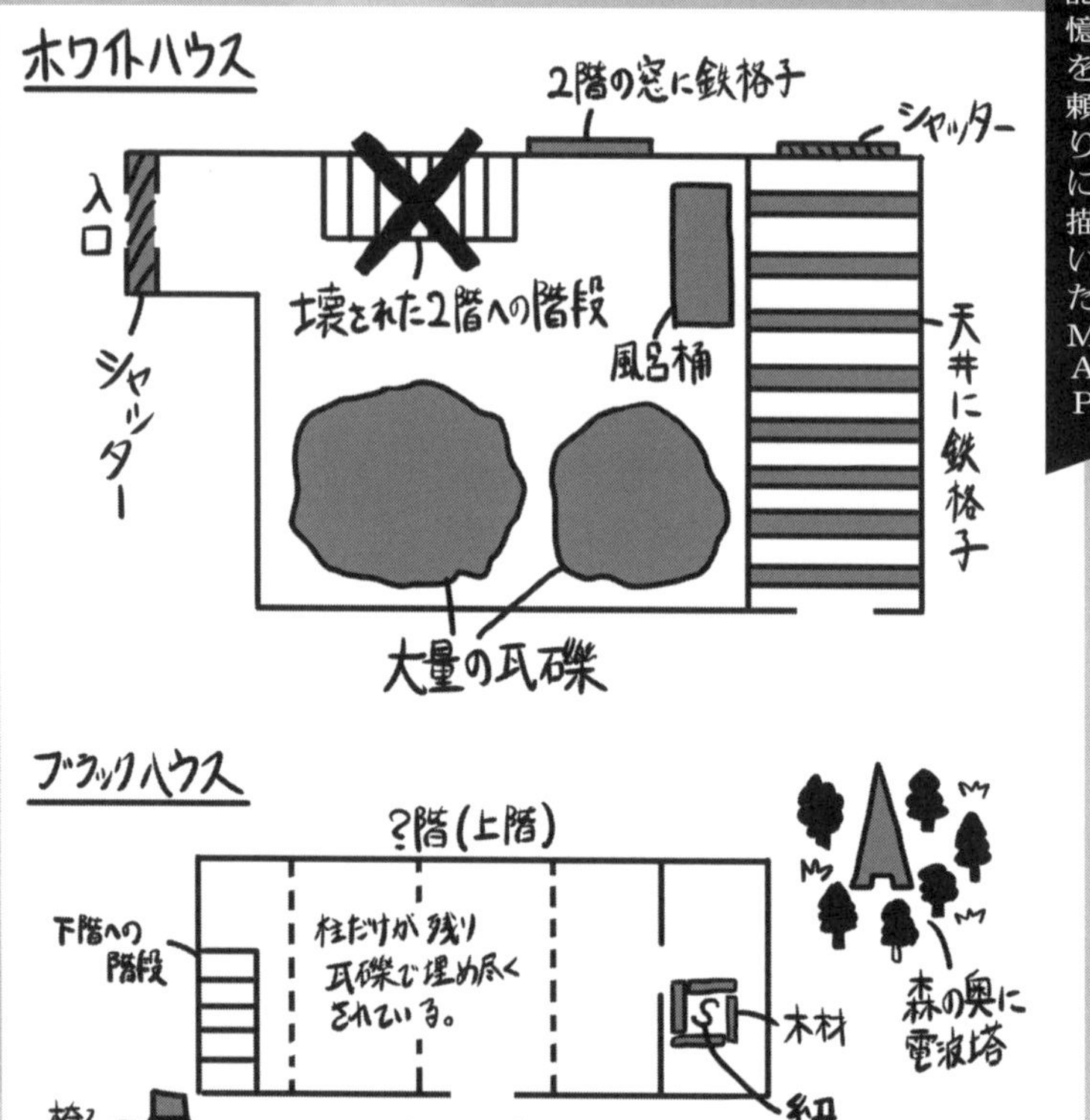

※実際のものとは違う可能性があります。

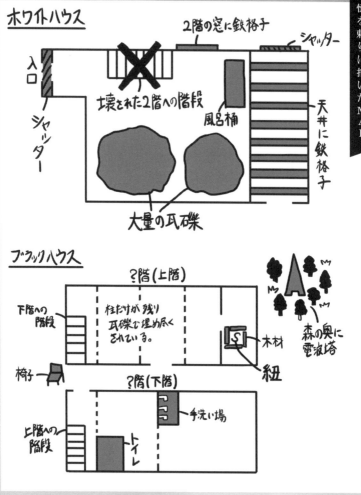

OFF SHOT

撮影前に撮った1枚。
これから一体どこに向かうのか……
不安に満ちた二人の表情。

9章

ホテル《ほてる》皇邸《こうてい》

閉鎖された廃ホテルに突入！
幽霊が出るヤバい部屋で
三人同時実証実験スペシャル！

1980年前後に営業していた廃ラブホテル。外観は西洋の古城をモチーフにした煉瓦造りで、異様な存在感を放っている。

多額の建設費を投じて完成したが、開業からわずか数年間で廃業。営業当時から幽霊の目撃談や噂があり、何かがあって営業できなくなったのではと言われている。

ここには、女性が焼身自殺した、窓から女性の幽霊が見える、オーナーが自殺した、などの噂があるが、信憑性は一切不明。

知名度	C	（まだ有名になっていない謎多きスポット）
恐怖度	A	（雰囲気がヤバい。呪われそう）
ゾゾゾポイント	4.5	

俺は生まれてはじめて高知県に降り立った。というか、四国は「いもんた」のときがはじめてで、ゾゾゾの撮影でしか来たことがない。だから、四国には怖いイメージしかない。なんだか申し訳ない気持ちである。

高知空港から西へ車で30分ほど走る。

県道34号線上で突然

「目的地へ到着しました」

とナビの声が知らせてきた。

県道34号線はやや高い位置を走っており、道路から見下ろした場所に今回のスポットは建っていた。

めずらしくまだ日がある明るいうちに到着したから、ハッキリと姿が見えた。

「今回のスポットは廃ホテル『ホテル皇邸』です!!」

皆口が紹介する。

言われなくても建物の真ん中に堂々とホテル皇邸と書いてあるので嫌でもわかる。

このホテルは西洋の古城を模した形になっていて全面が

本物の煉瓦造りだ。住宅街のど真ん中にあり、異様な存在感を放っている。

廃墟になってかなり時間が経っている様子だが、お金がかけられた建物なのは見て取れる。


ラブホテルで城の形というのは、かつては定番のスタイルだった。

元祖お城のラブホテルと言えば、東京の目黒にある「目黒エンペラー」だろう。1973年に開業し、城の形のホテルとしてずいぶん話題になった。一旦廃業して「目黒倶楽部石庭」という名前に変わったが、現在は再び目黒エンペラーとして復活している。

目黒エンペラーが建てられたのは1973年、ホテル皇邸が建てられたのは1976年。目黒エンペラーの後追いで建てたラブホテルなのかもしれない。

「城の形というのは定番」と言ったが、現在では減っている。流行ったものは、数年後にダサくなるというのは世の常である。

東京のど真ん中で大きな話題になった目黒エンペラーでさえ一旦は倒産したわけだ。高知県に建てられた巨大ホテルが経営に行き詰まるのは、想像に難くない。


「開業からわずか数年間でオーナーはホテルを廃業。営業当時から幽霊の目撃談や噂もあったそうで、何かしらの理由で営業ができなくなったのではと言われております」

内田が説明を読み上げる。

「割れた窓からさ、ほんのり中が見えるのがすごい嫌なんだけど……」

「いやあの、まさにそうで」

俺がホテルを見下ろしながら言うと、皆口はしたり顔で説明を始めた。


「女性が過去に焼身自殺した」

「割れた窓から女性の幽霊が見える」

「オーナーが自殺した」


などの噂話があるらしいが、どれも信憑性は不明らしい。まあ「幽霊が見える」噂話に、信憑性があることはないと思うが……。

「普段は閉鎖されていますが、本日は、こちら撮影許可をいただきました」

皆口が続けた。

「わざわざここ、許可取りにいったの⁉」

俺は、感心するより呆れた。


夜も更けてきたので、県道から下りて、ホテルの前へ移動する。

ホテルが潰れてから何年も放置されており、建物の周りに植えられた樹々が不気味に伸び放題になっていた。

入口の横には見たことないほど巨大なソテツがワサワサと揺れている。まるでアミューズメントパークのお化け屋敷そのものだ。

建物は上から見下ろした印象ほど大きくはなかった。1階に自動車を停めて、階段で2階に上がって宿泊する、活魚やホテルセリーヌと同じスタイルだ。全部で8〜10部屋くらいありそうに見える。

「番組に寄せられた情報を整理しますと、おそらく幽霊が出るヤバい部屋っていうのが三つございまして。本当にヤバい部屋はどこなのかっていうのを手分けして、今回最初から実証実験でやっていきたいなと」

いやいや、いきなり一人で実証実験なんてありえないんだけど？

自撮り用のカメラを手渡される。さらに皆口の指示で、俺と内田、長尾は頭にビデオカメラ（GoPro）をつけた。

「番組史上初の本格的な機材を導入して、ホテル皇邸の恐怖の真相に迫れれば……と!!」

皆口がドヤ顔で言う。

「こんなのに金かけないでよ……」

たまには出演者のための福利厚生にお金を使ってほしい。


ここのホテルの部屋からは、すべて部屋番号が外されている。幽霊騒動のあった部屋が特定されないために取り外されたと言われているらしい。

「落合さんの担当、一番奥の部屋ご用意しております」

皆口に指示された部屋に向かったが……部屋の前には見たこともないような巨大なタイヤが積まれていた。

「このタイヤの奥に部屋あるんですよ」

「嘘でしょ……?」

俺はタイヤの隙間をギリギリ通って先に進んだ。太ってる人だったら、腹がつっかえて通れなかったぞ!!

なんとかすり抜けて、部屋にたどり着く。ドアは閉まっていた。

「それではよろしくお願いします!!」

こうして、三人同時実証実験は開始された。

渋々、ドアを開けるとギギギギと不快な音がした。

開けると5メートルほどの長い廊下がある。

俺と同時に、内田と長尾も部屋に入ったようだ。音声は繋がっているので、二人の声が耳に入ってくる。

「僕のところは入ったらすぐお風呂場がありましたよ」

長尾が言う。

「おいおいおいおいおい!!　窓が勝手に開きました……」

2階に上がった内田が騒いでいる。また、内田が大げさに……と思ったが、動画には本当にふわっと黒い窓が開く様子が映されていた。


二人の驚く声がタイムリーに耳に入ってくるのは、どうにも恐ろしい。

映画『エイリアン2』で、エイリアンの巣窟になっているコロニーに通信装置をつけた海兵隊員たちが突入していくシーンを思い出した。エイリアンに襲われて叫ぶ仲間の声が、通信で耳に入り隊員たちはパニックに陥る。

俺はパニックにならないよう恐怖をぐっと抑え込んで前に進んだ。廊下の左側には透明のガラスがあり、その向こうには露天風呂がある。廊下の突き当たりまで進むと床に紙切れが落ちているのが見えた。拾ってみると、手書きで文字が書かれている。

何か気配を感じて上を見ると、天井にも手書きの文字が書かれた紙が引っかかっていた。恐怖がせり上がってくる。

「なになになに⁉」

思わず大きな声が出た。

おそるおそる手を伸ばし、天井に引っかかっている紙をつまむ。

皆口から「読み上げてくれ」と言われたので、音読する。

「繰り返しの電話にも関わらず
ご対応いただけなかった事は残念です」

「急に落合さんの声が途切れ途切れになったの俺だけですか？」

「え、ちょっと待ってちょっと待って」

皆口と内田が同時に言う。

再度読み上げる。

「今のところだけ聞こえないんですよ」

長尾にも俺の声は届かない。

何度か繰り返しても手紙を読み上げるときだけ、音声が乱れて伝わらない。あっという間に俺はパニックになった。

「なになに⁉ 聞こえてないの、俺の声？ 出ていい？ 出ていい？ 本当にマジで1回」

皆口は冷静に「ダメです」と言った。


「盛り上がってるところ悪いんですけど……」

内田が話に割り込んできた。

「おお……まただ‼ 息遣いが聞こえます……」

内田の耳には、今回も何かが聞こえてるようだ。だが、こっちはこっちの案件があって構っていられない。


「繰り返しの電話にも関わらず　ご対応いただけなかった事は残念です」

何度も読み上げて、ようやく内容を伝えることができた。

「もしかしたらなんですけど、落合さんが読み上げてる手紙って、ホテルを畳んだときのお金のトラブルかもしれないですけどね」

「ホテルの経営者側に宛てた手紙ってこと？」

皆口と内田が意見を言う。

文字の雰囲気から、そういうきちんとした手紙じゃないような気もするが、そうかもしれないねと返事をする。


廊下の突き当たりには階段があり、おそるおそる2階へ上がっていく。黄色っぽい壁紙の部屋だった。

かなり広く、手前にはバーカウンターがあり、奥にはダブルベッドが置かれている。壁には穴が空き、壊れた家具やら廃材やらが転がっていて不気味な有様になっているが、もともとは豪華な部屋だったのがうかがい知れる。

内田

内田が入った部屋は、赤を基調とした部屋だった。それぞれの部屋で雰囲気がかなり違うのがわかる。赤色は今なお色褪せず、昭和時代のケバケバしい文化を伝えている。

この部屋もかなり広く丸いベッドと四角いベッドが転がっている。室内から浴槽が見える、カップル向けの仕様になっていた。

「今、部屋の中にいます」

部屋の様子を説明し終えた内田に、皆口が問いかける。

「あの、窓ありますよね？」

「窓が二つ……2枚の雨戸の扉があるやつで……」

おもむろに皆口が告げた。


「たぶん、女性の幽霊が目撃されてるとしたら、まさに今、その内側にまーくんがいるっていうことですよ」


外から見えたあの割れた窓の気持ちの悪い部屋の中にいるのだ。

内田の恐怖耐久リミッターは急速に限界に近づいていた。

1階のお風呂場ではたいした発見はなく、長尾は2階へ上がる。2階のドアのノブは人間の手の形をしていて、気持ち悪い。いたずらなのか、真っ赤に色付けされている。

長尾の部屋は青を基調とした部屋だった。室内にはスチームサウナがあり、緑色のソファとラブホテルらしい丸いベッドが設置されていた。

なぜかトイレだけは、一面に赤いタイルが貼られていた。トイレの床にはたくさんゴミが落ちている。

「いつの……お菓子だかわからない、缶とかも……アイスのやつとか……」

ゴミを探っていると、手書きの紙がぬっと出てきた。

「あー!!」

大きな声を出した。

「なんか手書きの……紙? 手紙じゃないな……なんだこれ……ちょっと待ってくださいね……これくっついて……うわ、臭いがなんか……」

ぼやいた後、長尾は拾った紙に書かれた文章を読み上げ始めた。

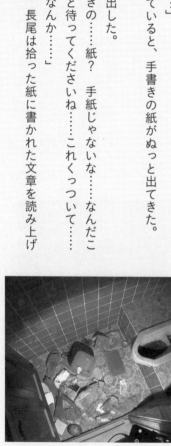

「問題　貴子さんの
残念です　残念です　ざんねんです　ざんねんです
赤いベッドの業者の……」

長尾は壊れたレコードのように「残念です」を繰り返した。取り憑かれたような長尾の様子に、聞いている側にまで恐怖が伝染する。

しかし、紙には実際に漢字とひらがなで

「残念です　残念です　ざんねんです　ざんねんです」

と手書きで書いてあった。

「肝試しでのいたずらで誰かが置いたやつとか？」

皆口が聞いた。

「いや、なんかそういう感じのイメージはしないですね。こんな気持ちの悪い文章、書けるかな……？」

皆口と長尾はまだ手紙について話している。清掃業者に宛てた手紙ではないか、と推測しているようだが、経営者が業者に宛てた手紙だったら

「残念です　残念です　ざんねんです　ざんねんです」

と手書きでは書かない気がする。

俺が拾った紙にも「残念です」の文言はあった。おそらく偶然ではないだろう。

俺はなんとか恐怖を抑え込みながら、自分の部屋の探索を進めた。壁際に近づいていく。

ラブホテルらしく、壁は鏡になっていた。ただし今はバキバキに割れてロマンチックさはすっかり失われてしまっている。

よく見ると割れた鏡に白い紙が挟まっていた。俺はガラスで手を切らないように気をつけながら、紙を引っ張り出した。

赤い文字が見えた。

「うわあ！　え？　ちょっとタイム！」

俺は、紙に赤い字で書かれている短い文章を読み上げた。

「『赤いベッドの部屋に入るな』って書いてあるよ」

「あの、すいません……僕が今いる部屋、ベッド赤いんですけど……」

内田が上ずった声を出した。

「1回出ていいですか？ ごめんなさい……」

ついに恐怖耐久リミッターを超えてしまったようだ。

内田は皆口が制止する前に部屋を飛び出してしまった。

内田&皆口

皆口は青い顔で階段を下りてきた内田と合流し、二人で赤い部屋に戻った。

皆口が部屋に入ってまず気になったのは、赤い色ではなく匂いだった。

「っていうか、臭くない？ この部屋。……女の人の匂いみたいな？」

「うんうん……女の人の匂いっていうか、風呂上がりの匂い？」

内田が相槌を打つ。匂いは最初に部屋に入ったときからしていたそうだ。

「え……いい匂いじゃないですか。でも、ありえない匂いですよね」

青い部屋にいる長尾が言う。

廃墟の臭いは、カビの臭いとか、埃の臭いとか、そういうのに相場が決まっている。何年も放置されたホテルから、風呂上がりの匂いなんて艶っぽい香りがするのはどう考えてもおかしい。

内田と皆口は匂いのもとになりそうな風呂を探る。

内田が懐中電灯で床を照らすと、そこには女性ものの靴が落ちていた。「女性が自殺した」との噂を想起させて、不安な気持ちになる。

内田は「ごめんなさい、無理です」と言って、部屋を出ようとする。

ふいに浴槽の中がライトで照らされた。

内田は、そこにある物が落ちているのを見つけた。

「ちょ‼　うわ‼　ちょっと待って‼　ちょっと待って‼　嘘でしょ‼　嘘でしょ‼」

内田がパニックになって叫ぶ。小走りで外へ出る。

「え、合流していいですか？」

「なになになに？　下りていい？　紙はどうすればいい？」

パニックは音声を通じて感染し、長尾と落合も狼狽しながら部屋を飛び出した。

とにかく一旦全員外に出て集合し、改めて赤い部屋を確認することにした。

部屋に入ると、たしかに石鹸のような匂いがした。

赤い部屋の浴槽の中を見ると、汚れたタオルや菓子の包装などにまじって、何やら模様が書かれた紙が落ちていた。

「えー……御札ですね、完全に」

長尾がつぶやく。そして拾い上げる。

俺は内心、よく心霊スポットに落ちている御札に触れるな……と驚いた。俺は絶対に触りたくない。

御札の切れ端は、腐って黒ずんでいる。

御札を触ったせいなのか、長尾は

「あ……後頭部痛いな……」

と唸り始めた。

浴槽の中を見ると、御札の断片は他にも散らばっていた。

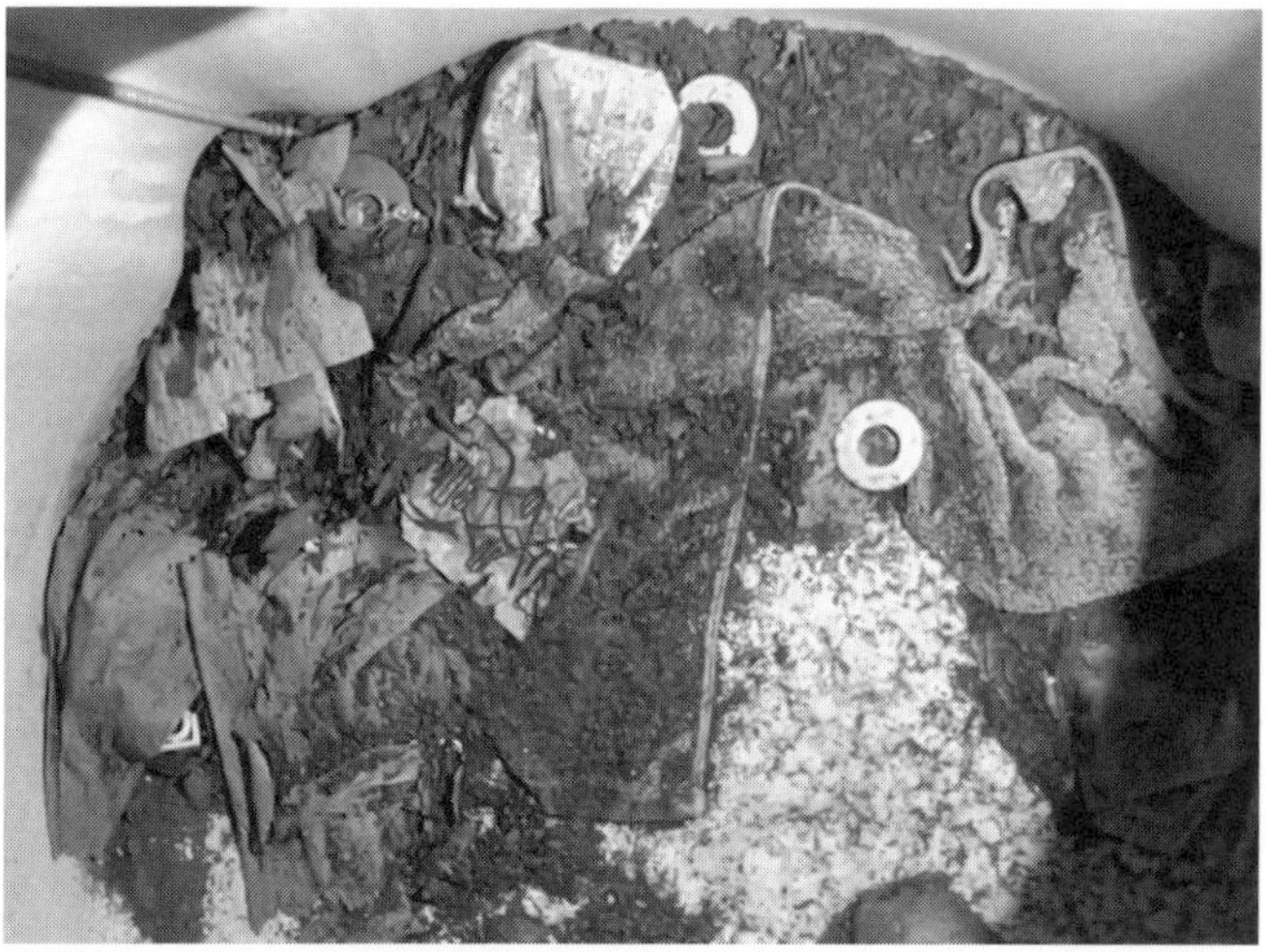

誰かがこの部屋にいる何かを封じ込めるために御札を貼ったのだろうか？　何にせよ、その御札は腐り落ちて、もう効力を失っているようだ。

急に風呂場に匂いが充満した。「風呂上がりの匂い」が強くなっている。嫌な匂いではないが、あまりに場違いで気味が悪い。俺たちは匂いに追い立てられるように外に出た。

再度全員で他の部屋を確認して回る。俺の部屋でも、他の部屋でも、先程は見つけられなかった手紙の断片を発見した。

情報を整理する。

見つかった手書きのメッセージは、

「繰り返しの電話にも関わらず　ご対応いただけなかった事は残念です」

「問題　貴子さんの　残念です　残念です　ざんねんです　ざんねんです」

「赤いベッドの　業者の」

「清掃がまだ　部屋には入らないでください」

「自分のせいでは　問題があったとす　貴子さんの枕」

「残念です　残念です　残念です　残念です　ざんねんです　ざんねんです」

「赤いベッドの部屋に入るな」

というものだ。どれも同じ人が書いたようにも思える。赤い文字で書かれた手紙もあり、とてもまともな感情で書いたとは思えない。そして赤い部屋には腐った御札が落ちていた。

ホテル皇邸にもともとあった噂は、

「営業当時から幽霊騒動があった」

「女性が過去に焼身自殺した」

「割れた窓から女性の幽霊が見える」

「オーナーが自殺した」

というものだ。

そもそも噂話に信憑性はないし、今回入手した情報も断片的なものなのだが、それでもどこかで繋がっていそうな気がする。

「めちゃめちゃ金かかってるっすよ、本当に。で、営業は数年？　だったら他のところが買い取ってやり直してもいいくらいだと思うんですけどね……」

長尾が言う。

ここで何かあったのは間違いないだろう。

俺たちはもどかしい気持ちのまま、ホテル皇邸を後にした。

それにしても、最初から一人で実証実験はありえなかった。話すタイミングも難しいし、誰かが話しているのを一人部屋で聞いているのも怖い。そして、誰かがパニック状態になったとき、どうしたらいいのかわからないのも怖い。

もう二度とやりたくない。


今回はめずらしく早めに撮影が終わった。比較的遅くまで営業している「ひろめ市場」を全員で訪れた。

ひろめ市場は屋台街のような施設で、高知の名物を食べることができた。俺たちはカツオを頼んで舌鼓を打った。

しかし頭の片隅には

「貴子」

「赤いベッドの部屋」

「風呂上がりの匂い」

など解けなかった謎の断片がいつまでも渦巻いていた。

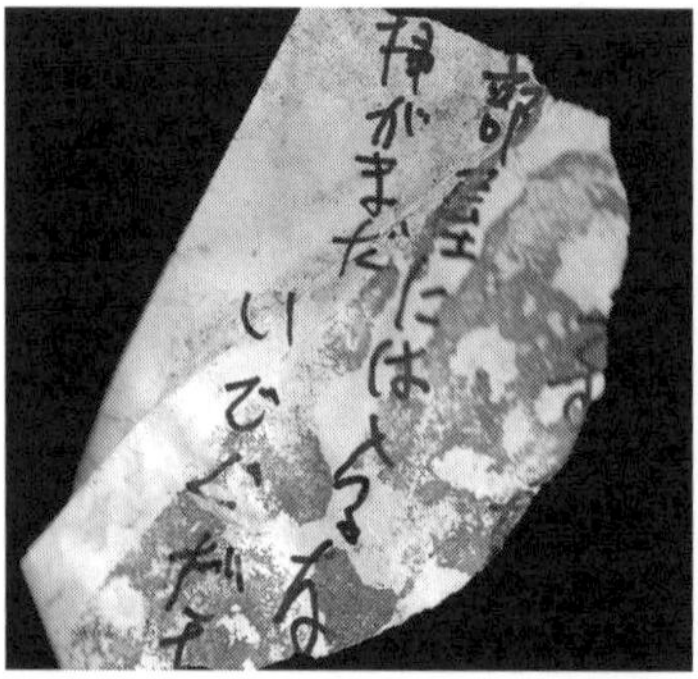

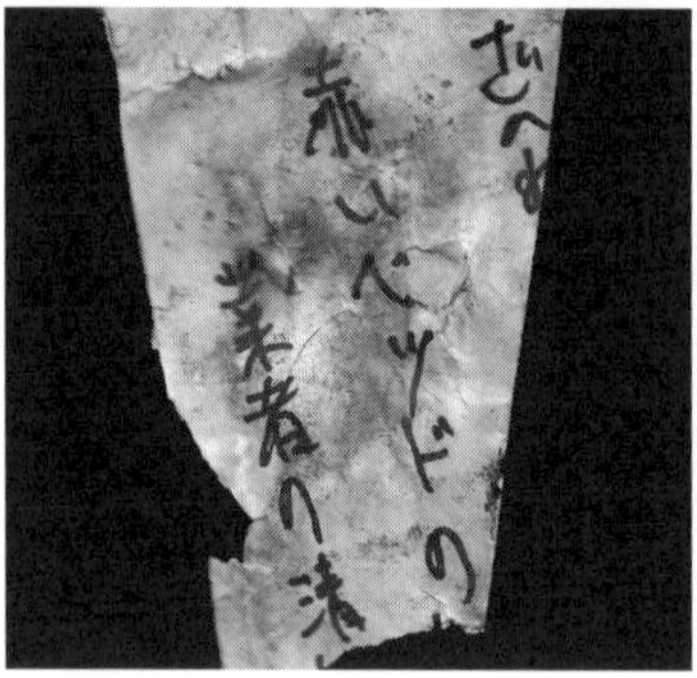

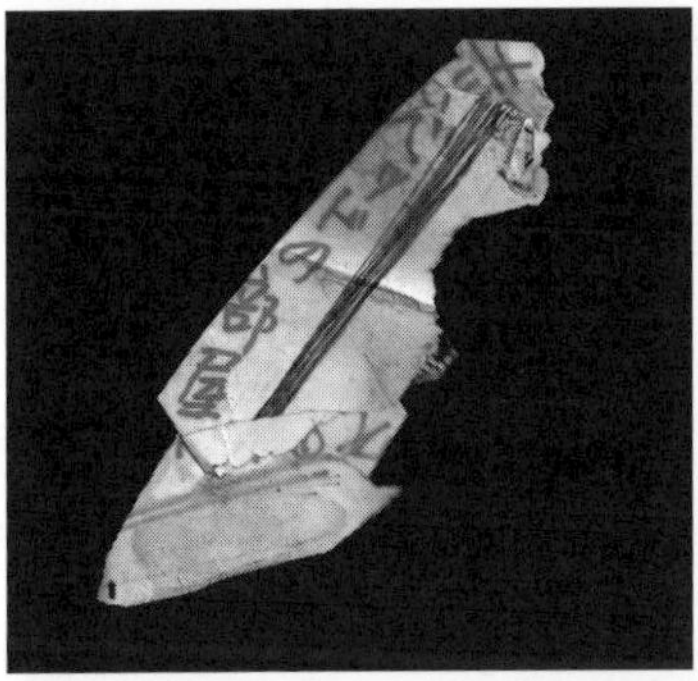
の部屋

自分のせいでは
問題があったとす
貴子さんの

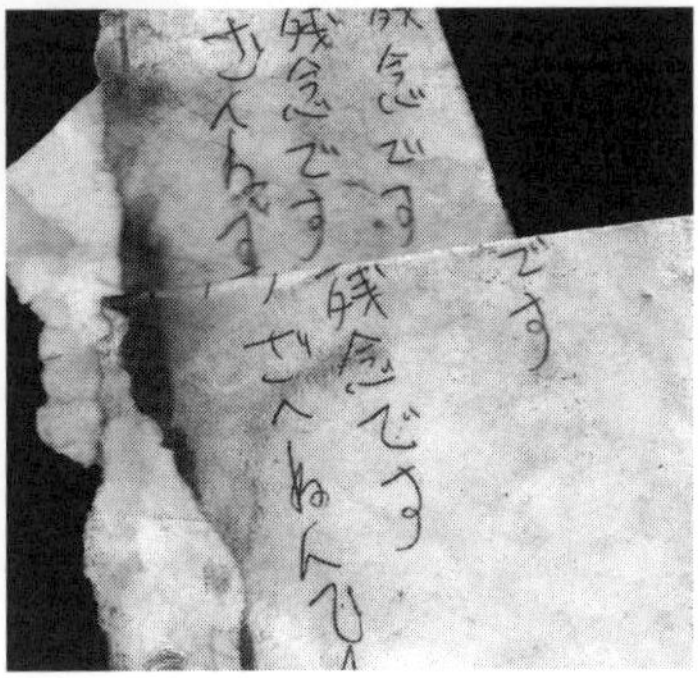
残念です
残念です
です
残念です

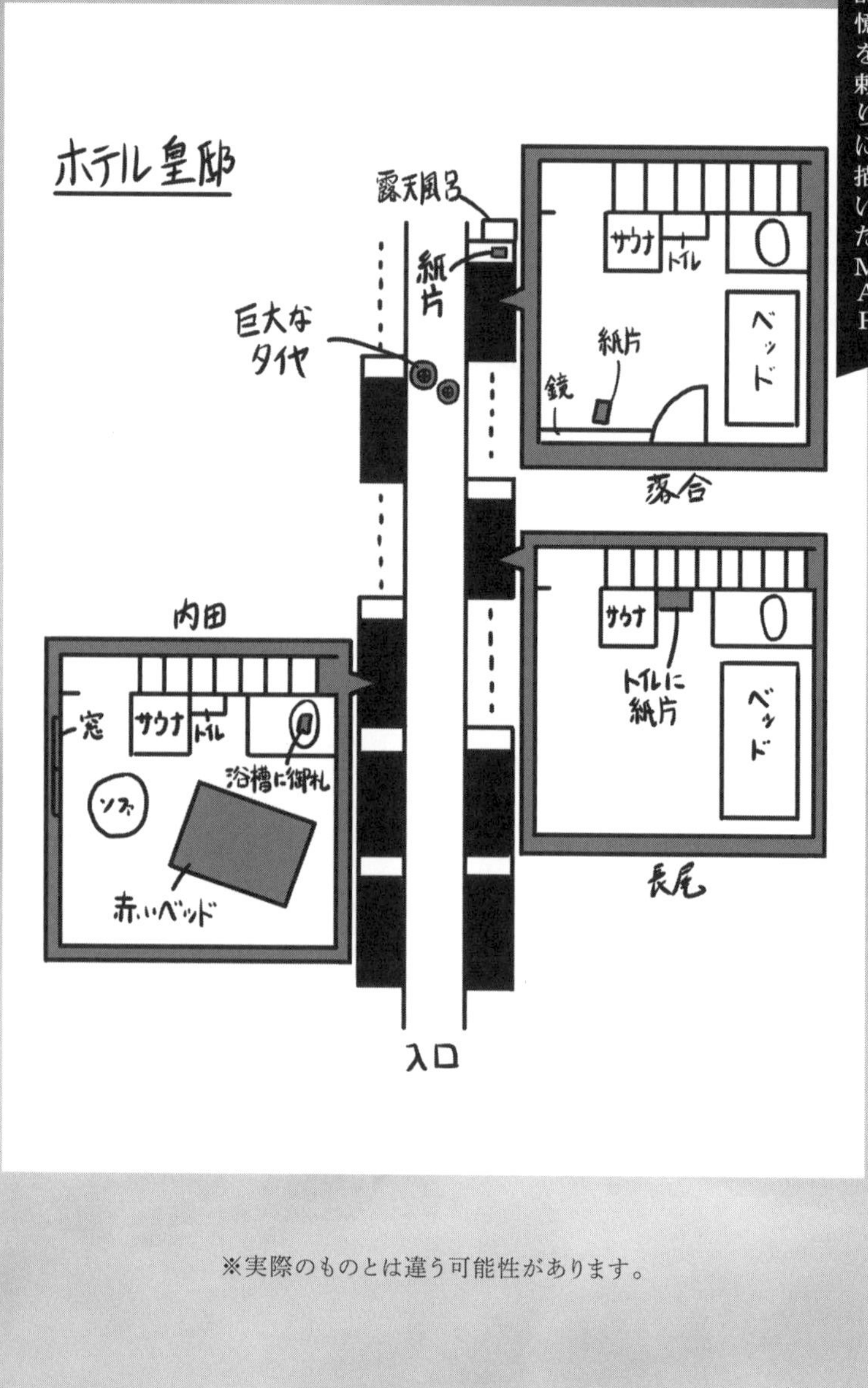

※実際のものとは違う可能性があります。

OFF SHOT

突入前に入口で撮った1枚。
一人で撮影することを知った
落合の表情は怒りに満ちている。

10章

ロシア村《ろしあむら》

呪われた廃テーマパークで水没した地下室を探せ！
最期のスポットでかつてない恐怖に遭遇する！！

１９９３年に開園し、２００４年に閉園となった幻の廃テーマパーク。ロシアの民芸品や文化体験が人気だった。営業当時の事件・事故・曰くは特にない。

閉園後に不法投棄が行われるようになり、客室内に仏壇が捨てられていた目撃談もある。２００９年に不審火が発生して大規模な火災となり、仏壇も行方不明に。心霊スポットだと騒がれ始めたのはその直後からだと言われている。

知名度	A	（全国的に知名度の高い超有名スポット）
恐怖度	A	（雰囲気がヤバい。呪われそう）
ゾゾゾポイント	5	

最終回の目的地は新潟だった。

東京からは自動車で5時間ほどかかる。かなりしんどいドライブだ。途中で長尾が運転を代わってくれた。

今回は、俺、内田、山本、皆口、長尾というフルメンバーが参加した。実は全員が揃うのははじめてだった。やはり最終回ということで気合いが入っているのかもしれない。

最終回は視聴者の方の期待も上がっているだろう。その期待に応えるために、皆口は寝る間も惜しんで怖い場所を見つけたはずだ。車内の空気は不安とプレッシャーが入り交じり、重たく沈んでいた。


夕方になってやっと到着した現場にはゲートが設置され、しっかりと施錠されていた。皆口が警備員に許可を取っている旨を伝えると、重く閉じたゲートが開いた。

中に入ると、廃材、瓦礫が山のように積まれていた。最初はゴミの集積場かと思ったが、そうではないようだ。

皆口が指差す方向を見ると、異国情緒あふれる青い玉ねぎ形の屋根が見えた。

内田がスポットの説明を読み上げる。

「この『新潟ロシア村』はわずか10年ほどで閉園となった

幻のテーマパークと呼ばれております」

ロシア村は1993年にロシアとの文化交流を目的に開園したが、入場者数が伸び悩み2004年に閉園した。営業中には特に目立った事件や事故はなく、閉園して何年も経ってから、にわかに心霊スポットとして騒がれ始めたそうだ。


俺はロシア村という施設を全く知らなかった。

日本には外国をコンセプトにしたテーマパークはたくさん存在する。

例えば千葉県の「東京ドイツ村」、福島県の「スパリゾートハワイアンズ」、岐阜県の「福寿の里 モンゴル村」などが有名だ。そういう施設の一つだったんだろうと想像した。


「本日は、YouTube史上初の撮影許可をいただいております!」

皆口が誇らしげに宣言する。

ふと長尾の顔を見ると、興奮しているような、感動しているような表情をしている。

「来ましたね……まさか来るとは思いませんでした」

キラキラした目で語り出した。

長尾は人一倍怖がりのくせに、心霊スポットが大好きなのだ。ロシア村は心霊スポット業界では有名な場所らしい。

なんだか段々長尾が変態に見えてきた。

長尾が「まさか来られるとは思っていなかった」と言うのには理由があった。

廃墟化した後、不法投棄が後を絶たなくなった。なんと客室内に仏壇が捨てられていた目撃談もあったという。あまりの不法投棄の多さに現在は厳重に管理されている。

2009年には不審火が発生した。放火が疑われたが、火の元、火災の原因は特定されなかった。そして、廃棄されていた仏壇もこの火事の後に行方不明となってしまった。

「仏壇が消えたってこと？」

俺の質問に皆口が答える。

「仏壇がロシア村のホテル客室内に投棄されているのを目撃された方がいらっしゃったそうで、火事の後、その仏壇は跡形もなくなってしまった。そして、それ以来ロシア村は事件とか事故とか一切なかったのにもかかわらず、今となっては有名な心霊スポットとなっています」

ここには、三つの怖い噂が囁かれている。

「水没したホテルの地下が一番危ない」

「心霊写真が撮れる」

「霊が追いかけてきたり、乗り移られる」

というものだ。

「本日は我々、特別な許可をいただきまして、ロシア村に潜入し、その行ったら一番ヤバいと言われている地下、そして、その仏壇は今もどこかにあるんじゃないか？　っていうのを調べていきたいなと思います。ぜひ力を合わせて真相を追いましょう！」

皆口は力強く言った。

いやあそんなの追わなくてもいいだろ、と内心思いながら施設の中心部に向かった。

施設は皆口が言った通り、バチバチに管理されていた。かなりの数の警備員が常駐している。不法投棄の的にされたり、火事が発生したりして、神経質になっているのだろう。たとえ長尾が心霊スポット見たさにやってきても中には入ることができなかったということだ。

まあそもそも、わざわざ入りたがる気持ちは全くわからないけど。

俺たちはまず、「スーズダリ教会」に足を踏み入れた。

もともとロシア村はとても大きい施設だった。約4万平方メートル、東京ドームとほぼ同じくらいだ。

施設内には

「森のレストラン　ダーチャ」

「マンモスイリュージョンスタジオ」

「マールイ美術館」

など数多くの施設があった。現在はその大部分が取り壊され、更地になっている。

残っているのはロシア村のシンボル的な建造物だったスーズダリ教会とそれに併設されたホテルの廃墟のみだ。

　スーズダリ教会のモデルになった教会はロシアのウラジーミル州の都市スーズダリ地域の古い建造物「ロジェストヴェンスキー大聖堂」である。

　遠くから見えた青い玉ねぎのような屋根が特徴だ。もちろん屋根は玉ねぎではなく、精霊の炎を表しているという。1992年には「ウラジーミルとスーズダリの白亜の建造物群」としてユネスコ世界遺産に登録されている。ロシア正教の中心的な場所だ。

　ロシア村のスーズダリ教会は縮小されて再現されたものだが、それでもかなりの大きさだった。天井画も再現されている。顔から羽だけが生えたように見える独特の形態の天使の絵が、今は不気味に見えた。

「二手にわかれて、ロシア村の恐怖の正体に迫れればと思います」

皆口が言う。

教会の隣の通路を進むと客室・ホテル部分となっている。ホテルは3階建てで地下があるという噂だ。

俺と山本、皆口は下階を、内田と長尾は上階を探索することになった。

階段には手すりがなかった。金属部分は先にすべて撤去されているのだ。見た目が怖いだけではなく、油断したら滑落しそうで危険だ。

慎重に1階に下り、懐中電灯であたりを照らすと、思わず言葉を失うほどボロボロな状態だった。

「これはちょっと……すごいな……」

山のように廃材が積まれている。ドアも外されて壁に雑に立てかけられている。侵入者による落書きもたくさん書かれていた。

「落合さん……奥」

皆口がヒソヒソ声で話しかけてきた。

部屋の奥を見ると、トイレがあった。

「うわぁ……こういうところのトイレはね、危ないんだよ。マジで」

文句を言いながら、トイレに入る。

「わっ!!」

驚いて思わず声が出た。

トイレの入口の真ん前に椅子が置かれていたのだ。ただ椅子が置かれていただけなのだが、何かの意図があるようですごく気持ち悪かった。

小便器はすべて割られて銃撃戦の後のような惨状になっている。なんだか悲惨な気持ちになってくる。

気を取り直して先に進むと、おそらく「ロシアレストラン トロイカ」だった場所に恐ろしい量の布団が詰め込まれているのを発見した。
俺は布の山を見上げる。5〜6メートルの高さにはなっている。布団が目立ったが、よく見ると仏間に置いてありそうな座布団だったり、着物だったりと、あからさまにロシア村に関係のない物もあった。
「この布の山、管理者の方に伺ったんですけど、全部ロシア村の物じゃないらしいですよ。これ全部不法投棄です」

皆口の説明を聞き、ここまで酷いことをする悪徳業者があるのかと驚いた。

布の山を調べる。が、めくって何かが出てきたら嫌なので、俺は軽く上の方だけを見るようにした。

山本が布団の中から古新聞を引っ張り出した。新聞の日付を見ると、昭和31年のものだった。半世紀以上前の、ロシア村開園前のものだ。

本当に、このおびただしい数の布の山は一体どこから持ってきたんだ?

内田&長尾

その頃、内田と長尾は2階を探索していた。ロビーのような広い空間がある。エレベーターはすでにドアが取り外されて、縦穴が丸見えになっていた。おそるおそる覗いて見ると、廃材が詰まっていた。

階段に向かう角を曲がったところで、長尾が
「おおー!!」

と声を上げた。

階段の踊り場に、椅子が置かれていたのだ。

「鳥肌が立った……」

「ここに椅子があるのって嫌だね……」

口々に言う。

ただ椅子が置いてあるだけなのだが、何か悪意のようなものを感じる。


「どこかから地下に行けるはずなんですよね……」

皆口が言う。今回の大きな目標は「仏壇」と「地下」だ。仏壇は消えてしまうことがあっても、地下がなくなることはないだろう。

エレベーターの跡を見ると、1階からさらに下に向かって深い穴が空いている。地下があることは間違いない。

キョロキョロと地下に進む階段を探しながら進んでいくと、バーカウンターがあった。もともとは洒落た造りのバーだったようだが、やはりボロボロに壊されている。

なにげなくバーカウンターの奥に進むドアを開くと、また進行方向に椅子が置かれていた。

「何？　えー……ちょっともう嫌なんだけど……」

毎回、絶妙に嫌な場所に椅子が置かれている。

キッチンからは、ロシア村で提供されていたメニューが

出てきた。

「タラバガニのカナッペ」「スモークサーモンデイル風サワークリーム添え」などロシア風のオシャレなメニューが並んでいる。

バーの奥には客室が数部屋あった。そこで、ロシア村を紹介するパンフレットも見つけた。

今の姿からは想像もできない綺麗な部屋と、美味しそうな食事の写真が載っている。

「当時はこれくらい綺麗だったんだよ……。まさか、こんな廃墟になるとは思っていなかっただろうなあ」

俺はつぶやいた。

内田&長尾

2階にはほとんど客室がなかったので、3階に上がる。

3階は部屋がメインで、7~8部屋はあるようだ。全体的に火事で焼かれ、壁には煤がこびりついていた。

「めっちゃ嫌だな……」

長尾が声を漏らす。

室内は部屋によって燃え方が違った。

まっ黒焦げになっている部屋もあれば、ほとんど損傷がない部屋もあった。

損傷のない部屋では、天蓋付きのベッドが綺麗なまま残っていた。机の上に、ホテル用の聖書が置かれている部屋もあった。

ここでも外から持ち込まれた不法投棄のゴミを大量に見つけることができた。

「こんな状態だったら、たしかにその仏壇っていうのもありえますよね。ホテル内に捨てられたってことですよね……うおおお!!」

突然長尾は大声を出して、うずくまった。内田もそれにつられてしゃがんだ。

室内からコウモリが飛んできたのだ。

「変なふうにしゃがんだから……腰が痛くなっちゃった……」

内田がヘロヘロと言う。

ちょっと和んだ雰囲気になったが、長尾がコウモリの飛び出てきた部屋を懐中電灯で照らすと、一瞬にして二人の顔から笑顔が消えた。

3階の一番奥のその部屋はまっ黒焦げに燃えていた。燃えすぎてほとんど物が残っていなかったが、窓の近くにはなぜか椅子が置かれている。

窓を見ると金属が溶けていた。火事のとき、室内は地獄のような有様になったのだろう。

「ここに仏壇があったとしても、燃え尽きてしまう可能性はありますよね」

長尾はそう言った後に、電話をかけた。


上階へ行った二人から電話がきて、とりあえず一旦合流しようという話になった。

合流地点に向かっている途中で、俺たちはたまたま地下に行くための階段を見つけた。人がすれ違うのも難しいような狭い階段だ。従業員専用のものだろう。下りてみると地下階に入るための扉があった。

扉の周りは燃えたかのように黒ずんでいる。そして、足元には水が溜まっている。扉は開きかけていた。

山本がドアを開けようと引っ張る。意外なことにドアはビクともせず、山本は驚いた顔をした。俺もノブを掴むが、結果は同じだった。

「全然、ピクリとも動かん」

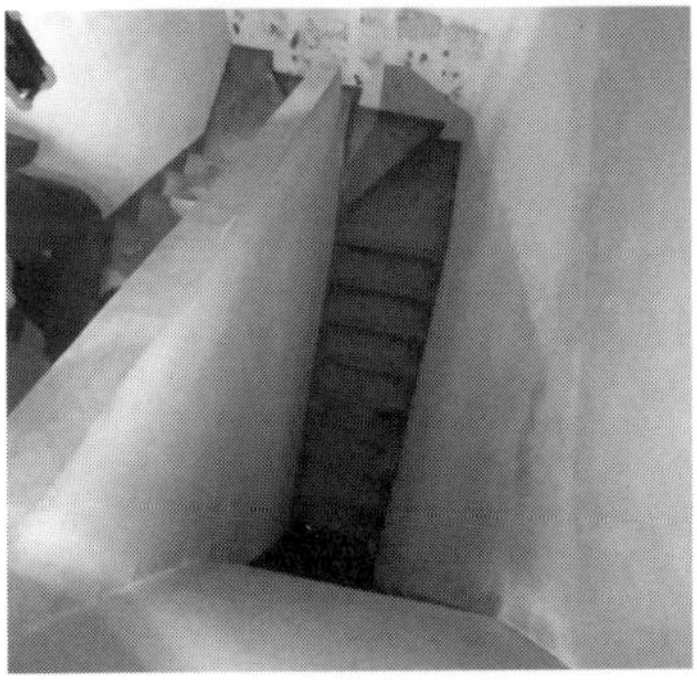

「まるで溶接されてる感じ……」

俺と山本に言われて皆口もドアを引いたり押したりしてみたが、全く動かなかった。

目的地まであと一歩なので悔しかったが、内田と長尾が合流地点に到着したようなので、俺たちも向かった。

両チームの面々は口々に、

「椅子が気持ち悪い」

「椅子が気になった」

と椅子の話をした。

「出火元そこなんじゃないかなって思えるくらいの部屋があったんですけど、窓に向かって椅子がポツンと置いてあるような感じだったんですよ」

長尾が語った。

そんなに椅子が気になるならば、と、中でも不気味さが際立っていた2階の階段踊り場の椅子に定点カメラを設置した。


その後全員で、出火元と思われる部屋に移動した。3階の部屋へ向かう途中の廊下は大きく床が抜けている。焦って違う方向に走ったらとても危険だ。

おそるおそる進んで、部屋を覗き込む。

たしかにめちゃくちゃ気持ち悪い。

「最悪だこれ……どういうこと？　この燃え具合マジですごいな……」

俺はそう言いながら部屋を見渡した。

部屋は丸焦げだが、窓際にぽつんと置かれた椅子は燃えていない。誰かが後から、持ってきてここに置いたのだろう。

「ということで、この部屋が一番ヤバそうだということで……」

皆口が話し始めた。俺は「実証実験だ!!」とピンと来たので、食い気味に断った。

「やんないよ？　マジのNG。無理だよ」

「じゃあどうしたらいいですか。番組このままじゃ終われないですよ？」

皆口が食い下がってくるので、俺は言った。

「俺以外なら誰でもいいよ？」

長尾は自分にお鉢が回ってきたのに気づき、絶望的な顔をした。

「これはもう長尾しかいない？」

「マジでいないっすね……」

皆口の質問に答えた瞬間、「パン!!」という大きな音がした。ラップ音だろうか？　それともコウモリがどこかにぶつかったのだろうか？

俺たちは全員でオタオタと狼狽した。

そして結局、やっぱり長尾が30分実証実験をすることになった。

今の気持ちを聞かれた長尾が答える。

「ちゃんと……嫌です」

待機組はスーズダリ教会まで戻った。長尾とは電話を繋いだままだ。

「この椅子がなんで外に向いて置いてあるかがわからないんだよな。普通、見るんだったらドア側の方に向けるよなって思うんですよね。でも、本当に綺麗に外に向かって置いてあるっていうのが、すごく気持ち悪い……」

電話の向こうで長尾がぼやく。

「長尾さんは立っている感じですか?」

長尾が肯定すると、皆口が言った。

「もしできそうだったら、椅子……座ってみます?」

俺は驚いて横目で皆口を見た。あんな部屋に置いてある椅子には絶対に座りたくない。「座ると死ぬ呪いの椅子」の次くらいに座りたくない。

しかし長尾は皆口の説得に負け、渋々ながら座ることにしたようだ。なんて素直なんだ!!

ブラック企業でこき使われるタイプだ。

長尾は腰かけると同時に
「うわあ……」

と声を上げた。

「すごく振り向きたくないというか、ものすごく今怖いです……」

「長尾さん、あの、ちょっと聞いてほしい話ございまして」

　皆口がおもむろに話を始めた。

「2010年くらいの頃にですね、撮影に来た動画配信者が行方不明になったらしいみたいな話があるんですよ」

「それって、さっきの入るときに見かけた落書きに関するようなことですかね？」

　実はオープニング撮影後、教会に入る前に、俺たちは壁にニコニコ動画の配信者に向けて「[redacted]さんガンバ」と赤い文字でメッセージが書かれているのを見つけていた。


　俺たちが待機する教会と、長尾がいる3階の一番奥はかなり離れている。もし何かあっても到着するのに5分はかかるだろう。

そんな孤独な状況の長尾に
「動画配信者が失踪した」

という最悪な話を聞かせる皆口はキング・オブ・サディストだ。

皆口は話し続ける。長尾が相槌を打ち、

「はい」

と言うのと同時に

『……はい……』


と長尾ではない誰かの声も返事をした。

その声は潰れているような男の声に聞こえた。

「何今の？」

「え？　ちょっと待って！」

俺たちは長尾を置き去りにして慌てふためいた。

なんとか冷静さを取り戻し、皆口が声をかける。

「あ……じゃあ長尾さん？」

『ごめんなさい』

「え‼　ちょっと待って！　嘘でしょ？」

再び、長尾ではない声が答えた。

俺たちはさらにあたふたと狼狽する。

長尾は何が起こっているのか理解できないでいるようだ。

皆口は話を続けた。

「長尾さん、行方不明になった動画配信者なんですけど、帰り道に何かあったのか、ロシア村で何かあったのかっていうのは一切不明なんですよ。ただ、その動画配信者はロシア村での撮影を予告した後、一切の更新が止まったままとなっているんです」

10年前のこととはいえ、同じ動画配信者が行方不明になったという話は、今ここにいる俺たちには重い。

「で、この話をしている間……そっちにもう一人いるような感じがしました」

皆口が言う。

「なるほど。窓の正面をちょっと、今直視できない……したくないですね、真上からなんか見られているような感じがして……あー……」

長尾は独り言のようにつぶやいている。

もう危ないかもしれないので、実証実験は終わりにしようということになり、俺たちは急いで長尾の部屋に向かった。

途中、皆口が電話で呼びかける。

「今向かってるんで、もしかしたら我々の物音も……長尾さん？」

長尾が「はい」と言うのと同時に、電話からは

『いるよー』


と、また〝誰か〟が返事をした。

「え⁉」

全員、動転して、とにかく急ぎ足で長尾のいる部屋の中に入った。

〝誰か〟からの返事が俺たちに聞こえてくるということは、〝誰か〟は長尾のいる部屋にいるということになる。

それは、その配信者なのだろうか？


やっと合流して長尾の顔を見たが、意外にもあまり怯えている様子はなかった。呆然としているようだ。

「この椅子、大丈夫か？　たぶん、しょうちゃんが座り出してからなんだよ。なんか声がかぶったりとか……」

俺は力説した。長尾が椅子に座るまでは特に何も起こらなかったのだ。

「ちなみに気分は大丈夫ですか？」

皆口が長尾に尋ねるとテンション高く答える。

「むぅ……いっすね。逆にちょっと目がすごく冴えてくるというか……パーッてこう」

なんだか瞳孔が開いていて、ちょっと気持ちが悪い。何かに取り憑かれているような雰囲気だ。

答えている途中にも部屋の奥からは
『……ウーウ……』

と唸り声のような声が聞こえてきた。

変な物音が聞こえてきたことはたびたびあったが、これだけ何度もハッキリと聞こえてくることはこれまでなかった。

「ちょっと出ましょうか」

皆口は、これ以上の撮影は危険と判断して撤収することにした。エンディングトークを撮るために教会に戻る。

その途中、俺は2階に定点カメラを設置していたことを思い出した。

みんなに伝えるが、誰も取りに行きたがらない。結局、皆口が山本を連れて取りに行くことになった。

2階に到着した二人はカメラをチェックしたが、なぜか電源は落ちていた。

録画開始ボタンを押し忘れたのだろうか?

撮れていないのかとガッカリする皆口に、山本が言う。

「いや、一応、撮れてはいるのかな」

見ると、2021.4.10という動画がデータに残されていた。どうやら10分ほどは撮影されていたようだ。バッテリーも、データ容量も十分余裕があるのに、そこで録画は止まってしまっていた。

こんなことは今までなかった。

気持ちが悪いので、機材を片付けることなくそのまま担いで撤収することにした。

帰ろうと歩き出した途端、

「カーン」

と「鋭い金属音」が聞こえた。

実は、その音はロケの最初からたびたび聞こえていたのだが、これまでは気のせいかとあまり気にしていなかった。

その音が聞こえた方向を見ると、階段があった。どうやら見過ごしていたらしい。

二人でおそるおそる下りていく。

また、金属音が鳴る。

「B1」という表示が現れる。階段は地下階に通じていた。

そして地下の踊り場にはやはり、2脚の椅子が置かれていた。

すぐに戻ると言っていたのに、二人が2階に向かってから15分ほど経っていた。ようやく戻ってきた皆口が言った。
「地下、ありました」
もう帰りたかったが、そもそもの目的の地下室を見つけてしまったなら行くしかないだろう。五人全員で地下へ向かった。地下に下りるのは気が重かったが、なんとか目的の一つが達成できたのでホッとする気持ちもある。
階段を下りると、2脚の椅子の先には、左右に廊下が続いていた。右はすぐ壁だが、左は奥まで続いているようだ。

地下室の床は濡れていた。どこもかしこも黒くカビていて、ドブのような臭いがする。

「これ、もしかしてここまで水で埋まってたんじゃないですか?」

長尾の示す先を見ると、床から10センチほど壁が錆びている。かつてはここまで水があったということだろう。

そして、至るところに煤がついている。どうやら地下でも火事があったらしい。1階は火事になった様子がないのに、地下と2階は燃えている。……不思議だ。

皆口は取り憑かれたように、ずっと
「金属音が聞こえる」

と繰り返している。

怪音が聞こえるのは内田の専売特許かと思っていたが、今回は全員の耳に金属音が聞こえていた。ファーン、キーンというような、高い音だ。何かを叩くような音にも聞こえる。

断続的に聞こえる金属音は、奥に進むにつれて鮮明にな

っていった。

また廊下が左右にわかれている。音は左の奥から聞こえるが、まずは手前の部屋から確認する。

いくつか部屋があり、ＢＧＭで使われていたと思われるＣＤや、展示物の人形などがぐちゃぐちゃに置かれていた。人形は黒ずんで、顔の部分が陥没している。

ひと通り確認し、俺たちは不安な気持ちで奥に進んだ。

また、椅子が置いてある。

進むにつれて気温が下がっているのか、寒さを感じる。

突き当たりの一番奥には、とても広い部屋があった。

そしてその部屋は完全に水没していた。

「うわあ……」

「なんっだこりゃ……」

全員が口々に驚きの声を上げる。

「これだ……え、これだよね？　ロシア村の地下で水没している一番ヤバいところって」

皆口が興奮気味に語った。

水は濁っていて底がよく見えない。何やらいろいろな物が沈んだり、浮いたりしている。

この水の中に仏壇が沈んでいても、俺たちには見つけようがないだろう。

水没した奥には部屋が二つ見える。そして、金属音はそちらから聞こえてくる。

いずれにしても、こんなに水が溜まっているなら、もうこれ以上探索を続けることはできない。俺たちの終着点だ。

そう思っていたら、皆口がおもむろにカバンから何やら取り出して俺に手渡した。

「持ってきてるんですよ。もしものことがあればということで……」

それは、渓流釣りの人が着ているような、胸の高さまで防水できるアイテムだ。

商品名は「チェストハイウェーダー」と言う。

「水没している地下のその先へ、突撃していきたいなと……」

「え？　入るの？　あそこに？」

びっくりして聞き返す。

「できたら全員で中、確認してみたかったんですけど、Ａｍａｚｏｎの在庫が三つで品切れになっちゃいまして」

皆口が申し訳なさそうに言う。

いや、誰も入りたがってないって！

先程は実証実験を長尾に押し付けた手前、今回は俺が入らざるをえない。俺と内田と皆口で中を確認することになり、着慣れないチェストハイウェーダーを身に着けた。

「じゃあちょっと、行ってください」

「いや、行ってくださいって！」

「いやもう、ちょっと勘弁してよ……」

俺と内田は文句を言いながら、水に足を踏み入れた。

水が濁っている。汚なすぎて、足元が見えない。落ちている何かを踏みながら、汚水を掻き分けて進んでいく。頼むから、普通のゴミであってほしい……。

「管理者の方からお話伺ってまして、この水、なんの水なのか一切わからないそうです」

皆口が今更言う。俺は不快感と恐怖で頭が一杯になった。

早く終わらせたいが、足元が見えないし、汚水がはねるのも嫌なので、ゆっくりしか進めない。ようやく正面の部屋に到着し、足を一歩踏み入れた。

その途端、水の温度が急に変わった。

「ええ⁇　あったかい⁇　なんで⁇」

なぜか部屋の中だけ水の温度が高かった。

熱源なんてないはずなのに、なぜ温度が変わるんだ？

その部屋は手前に机と椅子が置かれていた。一番奥がヤバいという噂があるらしいが、他には何も見当たらない。物がなさすぎて、なんの部屋かわからない。

水没しているもう一つの部屋を確認しようと、水の中を

ゆっくりと移動する。そこは扉が半開きになっていた。手前にゆっくりノブを引いた。

目の前にいくつも浮遊物がある。その中の一つだけ何もしていないのにユラユラと揺れている。動くような原因はないはずなのに、なぜなのか。

部屋の空気が流れ出し、強烈な悪臭が鼻をつく。錆のような臭いだ。

部屋の奥をライトで照らすと、ものすごく奥行きがあった。最奥部までは30メートル近くあるだろう。

丸椅子、鉄パイプ、机、木の箱など、たくさんの物が部屋の奥にめちゃくちゃに詰め込まれている。仏壇にあるような小皿も浮いていた。

一体なんの部屋なのだろうか。

倉庫のようにも思えるが、それにしては入口が小さい。ただ、この部屋のどこかに

仏壇があっても不思議ではないだろう。

一歩踏み込むと、ズブズブと沈んだ。この中に進んでいくのはさすがに危険だ。

「ちょっと限界……ですね」

皆口の言葉を機に、俺たちは引き返した。


引き返す途中、赤い懐中電灯が浮いているのを見つけた。

なぜこんなところに、懐中電灯を落としていったのだろうか？

誰かが探索中に落としたのだとしたら、その人は帰り道で懐中電灯が使えないということになる。

暗黒の中で閉じ込められたということだ。

ひょっとしたら消息を絶った配信者がここに来たのだろうか？

探索中に落としてしまったのか……？

そしてそのまま……？

そう思うと、また胸の中に恐怖心がせり上がってきた。

俺たちはなんとか最終回の撮影を無事終了し、帰途についた。

「やった!! 終わったぜ!!」という晴れ晴れした気持ちにはなれなかった。ロシア村の撮影は普段の撮影よりもずっと長く時間がかかった。ホテルに着く頃には0時を回っていて、みんなヘトヘトになっていた。

その後、サブチャンネル『ゾゾゾの裏面』の撮影をした後、自室の風呂で体についた汚れと臭いをこそぎ落としてベッドに横たわった。

セカンドシーズンも事故なく、無事に終わって本当によかった。過酷な道のりのスポットも多かったし、そもそも怖いところが多かった。

しかし、これでさすがに本気で最終回だろう。

もう日本には心霊スポットはいくつも残ってないはずだ……。

そんなことを考えているうちに俺は、いつの間にか眠りについた。

東京へ戻って、2階の定点カメラに残されていた映像を確認した。

真っ暗な中に、ポツンと椅子が映し出されている。

10分ほど経ったところで、画面が突然ザザザッと不自然に乱れ、録画が途切れた。

いくつも置かれていた椅子には、一体どんな意味があったのだろうか。

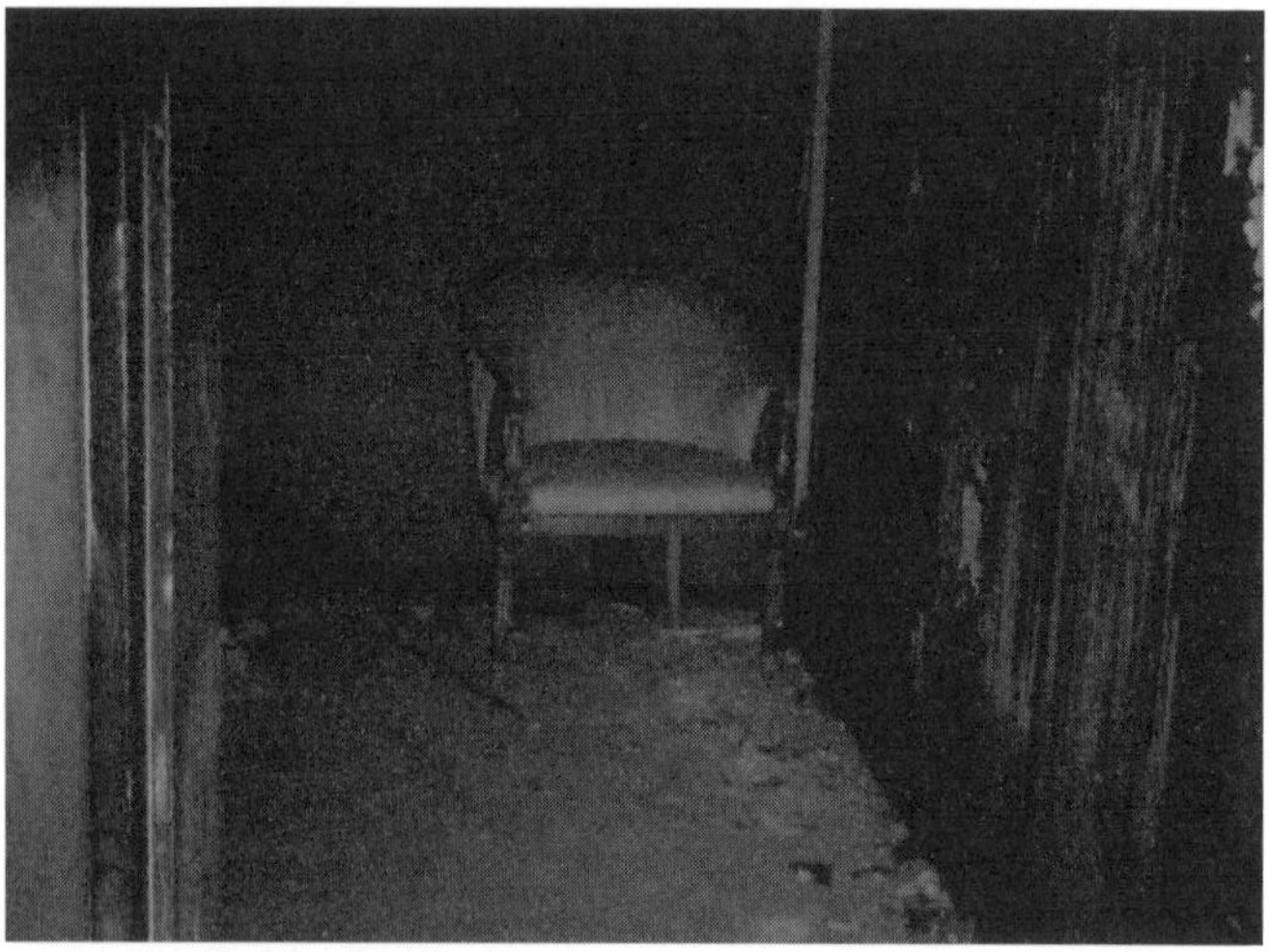

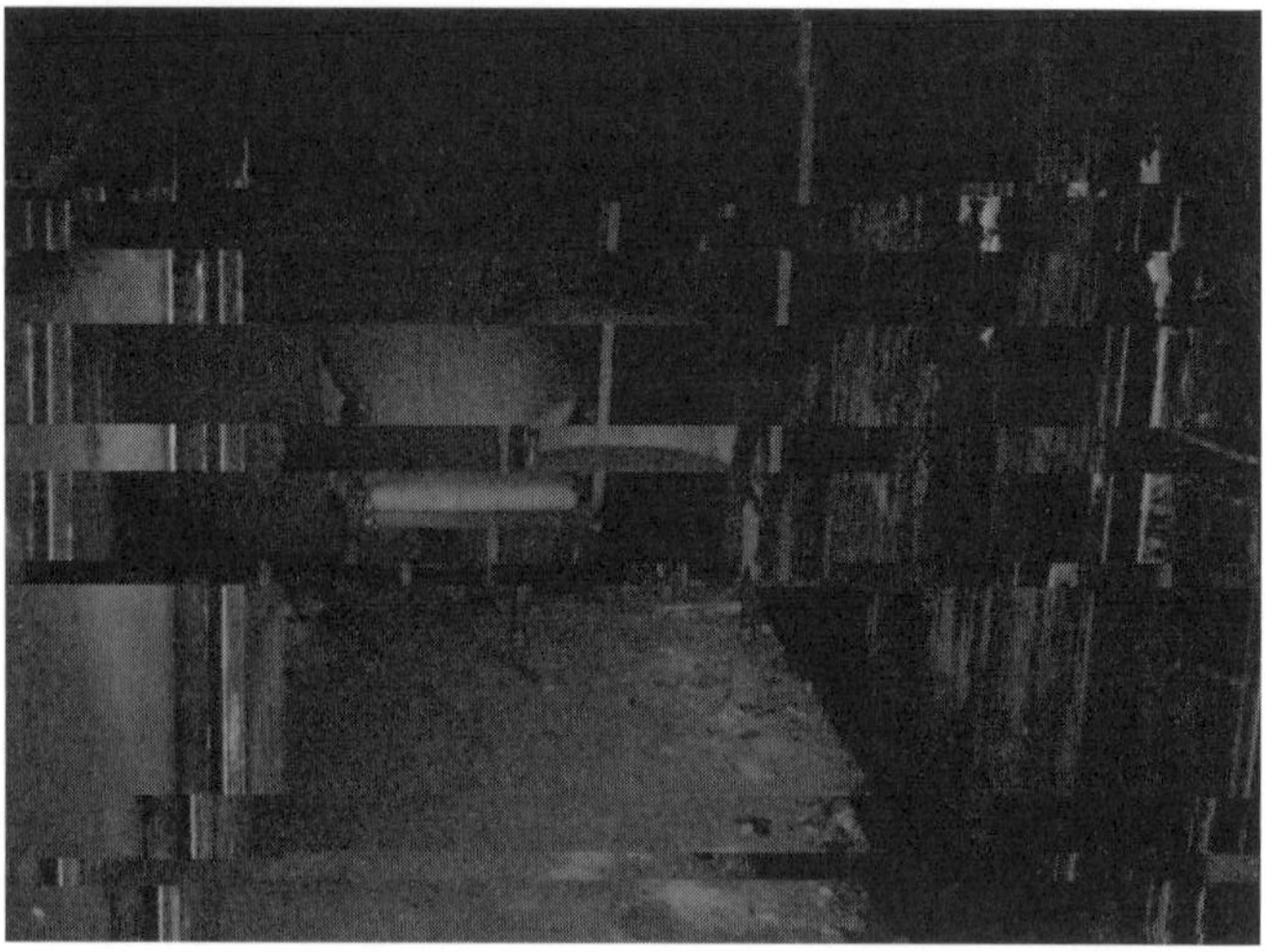

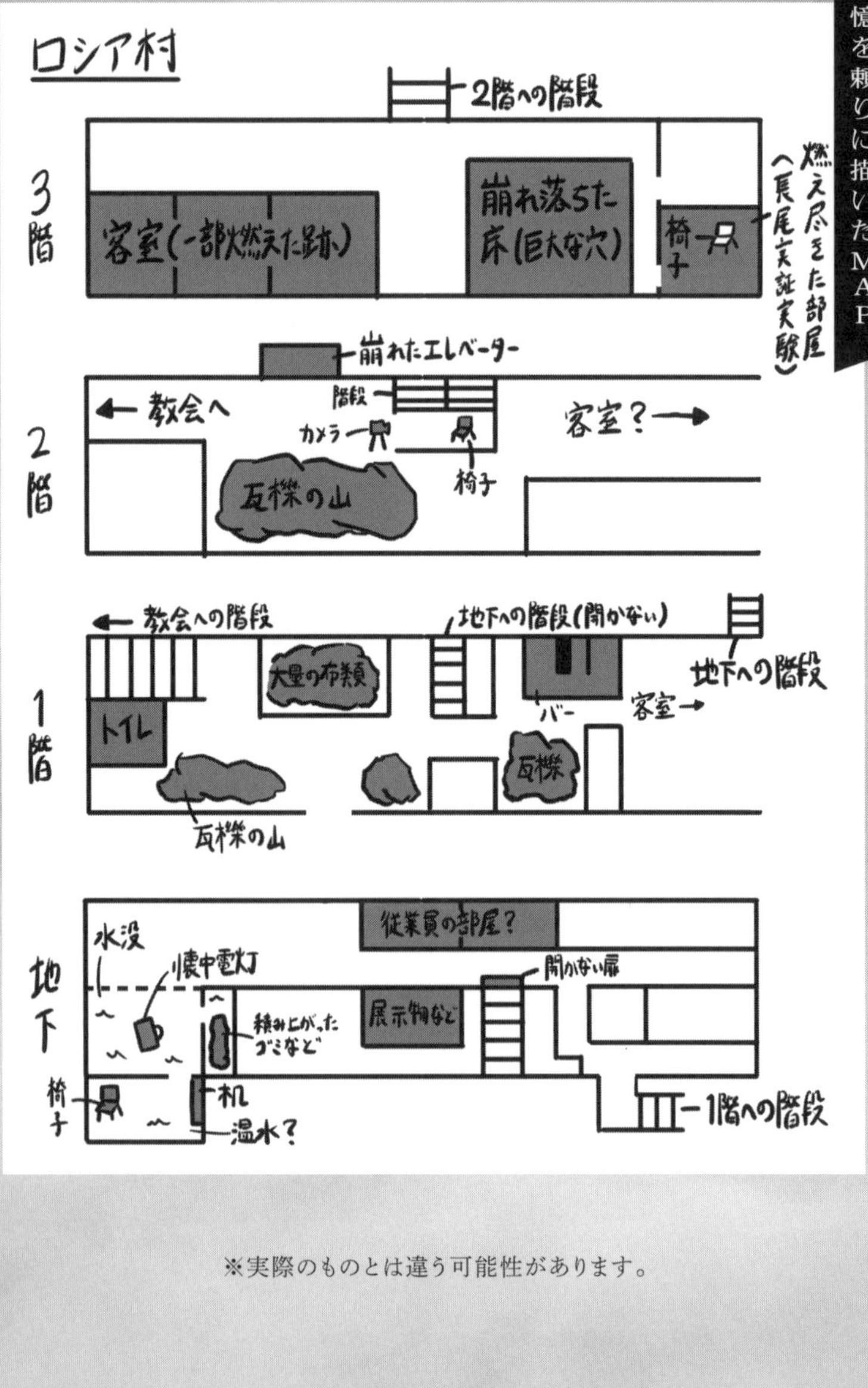

※実際のものとは違う可能性があります。

OFF SHOT

地下室での撮影後に撮った1枚。
予想外の展開を終え、
恐怖と疲労が頂点に達した二人。

スペシャル座談会

セカンドシーズンお疲れ様！

セカンドシーズンを終えたゾゾゾメンバーが大集合！　今の気持ちから撮影の思い出、動画では収録されなかったエピソードなどを語り尽くしたロングインタビュー！

ゾゾゾ

SPECIAL SYMPOSIUM

――セカンドシーズン終了、お疲れ様でした。現在の率直な感想をお聞かせください。

落合 率直な感想ですか……。やっぱり、ホッとしましたね。最初から全24回と宣言してやっていたので、何があっても24回はやらなきゃいけないってプレッシャーはありました。幸い怪我もなく、無事に終わってよかったなって思います。

内田 寂しさはないですか？　僕はちょっとあるんですよ。最初は「また怖いとこたくさん行くの？」って感じだったんですけどね。

落合 まあ、もちろん寂しさはあるけど。でも、「もっとみんなといたい」って気持ちはあっても「山奥のヤバい場所に行きたい」って気持ちはないね（笑）。

――セカンドシーズンが始まるという情報は、Twitterで知ったとお聞きしたんですが本当ですか？

落合 そうですね。事前に知らされたわけじゃなくて、ゾゾの公式Twitterで見て知りました。

長尾　僕もそうでしたね。「へえ、やるんだあ。また呼んでもらえるかな？」みたいな気持ちでした。

落合　ありがたいことに、見ている人たちが盛り上がってくれてるのはSNSで伝わってきますから、「やろう」って言われたら逃げられないですよね。まあ、しょうがないなっていう感じでしたね。

——山本さんが新メンバーとして加入しましたね。

皆口　ファーストシーズンが終わった後の2019年の夏に『夏の特別編　先行上映会』というイベントをやったんです。自分はあまり乗り気ではなかったんですけど。落合さんが1回くらいファンの方を集めてイベントやりたいって、ちやほやされたいなっていう感じで……。

落合　まあそうね（笑）。

皆口　そのとき、落合さんのYouTubeチャンネル『落合陽平の10万ボルトTV』の栗田ディレクターに紹介してもらったのが山本さんでした。イベントを手伝ってもらったのですが、なんか掴めない感じがピンと来たんですかね。セカンドシーズンを始めるときに新しい風を入れたいと思っていたので、改めて出演をお願いしました。

山本　ちょうど暇していたので、快諾しました。ゾゾという番組をあまり知らないまま、呼ばれて行ったらそれがセカンドシーズンでした。それ以来1年以上みなさんと関係を持たせてもらって、今はもっとみんなと一緒にいたいという気持ちですね。

皆口　今はもうありがたいことに当たり前のように番組にいてくださるので、どこにピンと来たのかは忘ちゃいました。でも、誰でもよかったってわけではないんですよ、本当に。

長尾　山本さんと撮影で久々に会ったんですけど、少ししゃべっただけで「なるほどゾゾに合う人だな」って思いました。僕が言うのもおこがましいですけど。みんなとおもしろがるポイントが合ってるって感じですかね。

——セカンドシーズンになって遠征が増えました。どのような気持ちでしたか？

落合　みんなで飛行機に乗って、知らない街並みを見るというのは楽しかったですよ。いい刺激になりました。ただ撮影は基本夜なので、終わった頃には居酒屋とかはとっくに閉まってるんですよ。

長尾　食事は9割9分以上コンビニだったんじゃないかな。全国のコンビニ飯を食べてますよね。

どこ行ってもおいしいんですよ。

落合　品質はさすがだよね。

長尾　あと地域ごとにご当地のお弁当があったりして。それを一人で楽しんでました。

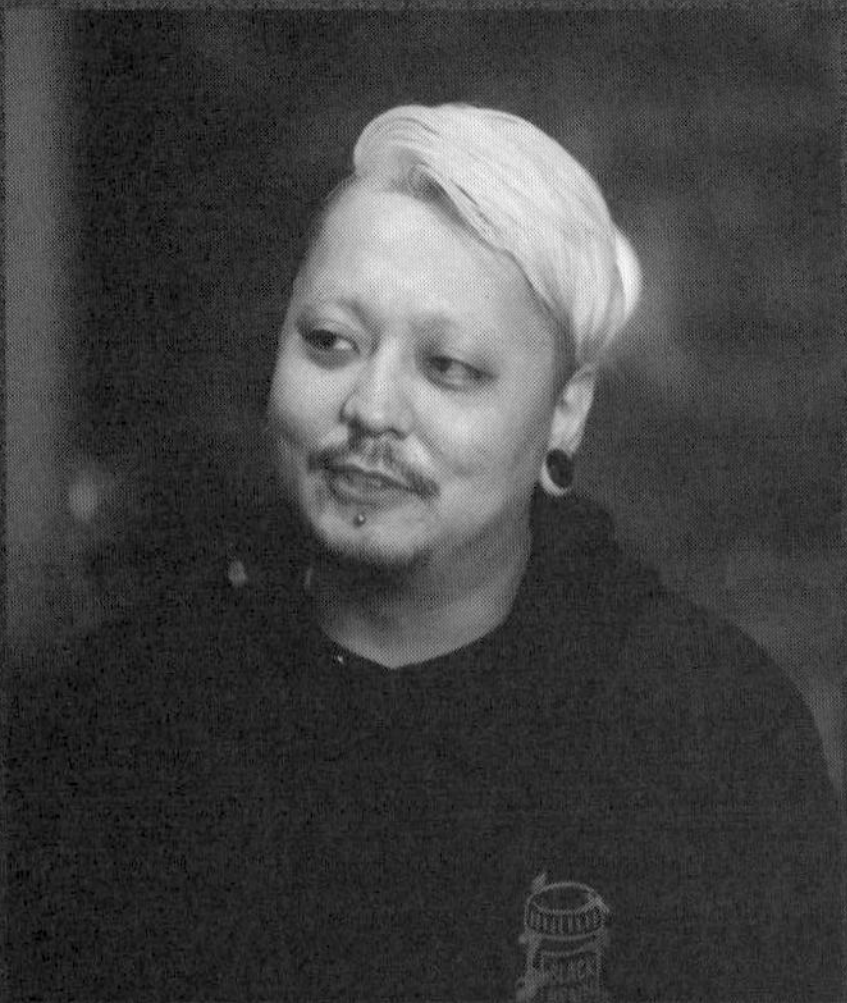

落合　たまに夜中にマクドナルドが開いているのを発見するとテンション上がるんだよね。「お!!　今日マック行けるぞ!!」って(笑)。『ゾゾゾの裏面』を撮影しながら食べることも多かったね。

――セカンドシーズンからメンバーのオフトークもふんだんに見られる『ゾゾゾの裏面』が始まりました。どういう経緯だったのですか?

皆口　セカンドシーズンが始まってしばらくしてコロナ禍になってしまって。ゾゾゾの撮影も思うようにできなくなって、更新も止まりました。オフトークができるチャンネルがあれば、こういうときにでも何か発表できる機会があったかもしれないなというのと、視聴者の方に見てもらえる新しい入口を増やせたら楽しいかなって思って、できたのが『ゾゾゾの裏面』です。第10回の宮城の撮影のときにはじめて裏面の撮影をしました。

山本　自分は新参者なので、遠征や裏面があったおかげでみなさんと話す機会が多くなってありがたかったです。ただみんなで心霊スポットに行って撮影するだけだったら「好きこのんで過酷な場所に行く怖い人たち」って印象のままだったかもしれません。

——そういえばセカンドシーズンでは過酷なスポットも増えたように感じました。

落合 過酷でしたね～。めちゃくちゃ過酷でした。その中でも「朝鮮トンネル」は、ずば抜けていましたね。

内田 道がギリギリ車1台分しかなくて、ガードレールもない。超崖。踏み外したら終わりなのが怖かったですね。

落合 あと、到着した後に大変だったのはブラックハウス。現場に行くまでに、そもそも道なんかないんです。山を四つん這いで登っていくんですよ。

長尾 小学校時代に草木を掻き分けて遊んでいたのを思い出しましたよ。あんな場所、大人になって入る場所じゃない。

落合 そういえば皆口くん、すごい豪快にコケてなかった？

皆口 撮影終わって車に戻る途中の下りで盛大にコケましたね。帰り道はみんなの安全をはかろうと自分が先導していたんですけど、実は道を間違えていたんです。でもみんな教えてくれなくて、コケた後に「そっちじゃないです」って。わかってたなら言ってよ！　って思いましたね……。

落合 いやあ、でもまあ正しい道だって、全然安全じゃないんだけどね（笑）。

長尾 ツタとか、ぐって掴んだりしてね。帰りはすべり台みたいに、サーッとすべり下りましたもん。

皆口 ただ行く過程が過酷なほど、撮れ高が上がるからうれしいんですけどね。あくまでもその先にスポットがあれば……ですけど。険しければ険しいほど、うわーすごいな、おもしろいなって。でも撮影中に怪我がなかったのは本当によかったです。怪我したら「もうやめといた方がいいよ、そんなこと」って言われちゃうから。

長尾 本当によかったです。安全じゃないところに足を運んでますけど、あくまで安全第一だったとは思いますよ。

――セカンドシーズンでもたくさんの実証実験が行われました。今回はいかがでしたか？

落合 実証実験は……えっと俺何やったっけ？　あ、「十三佛」‼

皆口 十三佛はまーくんと落合さんの二人での実証実験でしたね。テロップで「恐怖の2人ぼっち撮影中」って書いたら、視聴者の方からコメントで「2人ぼっちってどういうこと」ってツッコミがいっぱい来て。

内田 怖いんだぜ、二人でも。

皆口 十三佛、怖かったですよね。

長尾　もしかしたら一番温度差がある回かもしれないですね。僕は行ってないですけど、一視聴者として見ていると全然怖そうに思えなかったですもん。

落合　思ったより怖かったけど、まーくんが怖さを紛らわせてくれたんだよね。「部屋に物音がしたすわぁデス」とか噛んで。

内田　いや、意図的にふざけたわけじゃないですよ‼「なんか話ない？」って落合さんが僕に振るから、稲川淳二さんやった方がいいのかなって……。

長尾　僕は御札の家ですね。日本家屋の廃墟ってただでさえ怖いのに、それに加えて本当に部屋が狭いんですよ。廃墟だとわりと開けてるところが多いんですけど、ここは4畳とかで。床に並べてある三つの箱はどうしても棺桶に見えてしまうし……。あの部屋に一人は怖いですよ。

内田　僕がやったのは、赤い部屋と朝鮮トンネルと……。あれ、それだけ？

皆口　あと「佐倉城址公園」の13階段上ってくれたよね（笑）。

内田　あれは怖いというか、なんかね、ちょっと寂しかった。誰も見てくれなくて……。

落合　俺は下田富士屋ホテルかな〜？

皆口　あれは実証実験してなくないですか？

長尾　あのときは落合さんが異常なテンションで「行ってくるわ!!」って突入しちゃって。「これ大丈夫なんですか？」って皆口さんに聞いたら、「マジで撮り直すかもしれない」って真剣なトーンで（笑）。

皆口　信じられないことに本当に勝手に行き始めたんですよ。

落合　空気の入れ替えも必要かなと思ったんだけどね。でもあれは怖かったな〜。ゾゾゾの撮影で、皆口くんに確認せずに本能で逃げたのははじめてだった。

皆口　そうか、撮影投げ出して逃げようとしたのははじめてなのか……。

長尾　落合さんから電話がかかってきて「無理無理、本当に無理」とか言うんですけど、本当に無理なのか、ふざけているのかわからなくって。正直疑ってました。

落合 疑ってるのが伝わってきて、イラッとしてたよ!! いいんだよ、そのノリは。本当なんだよって。

――落合さんは、下田富士屋ホテルの地下で御霊前の香典袋を見つけていたのに、皆口さんに伝えなかったそうですね?

皆口 え!! 見つけてたんですか!!

落合 あー……見つけてたよ。「香典袋を大量に見つけた」って皆口くんに伝えたら、ファーストシーズンの「上高地別荘ホテル」のときみたいにここで実証実験やらされるなーと思って、見なかったことにした。

皆口 ……。

長尾 でも、落合さんってウソついてるのわかるんですけどね。「う、うん。い、いや、何もないよ」みたいな、動揺バレバレの演技をするから。

一同 (笑)。

――ホテル皇邸では三人が同時に実証実験という新たな試みでした。どうしてあのような形式で撮影しようと思ったんですか?

皆口 ホテル皇邸を見つけて、管理者の方に許可を取って、どういうふうに撮影しようか考えたんですけど。ああいう構造なので、みんなでゾロゾロと一室ずつ回っていくより、めぼしい部屋に一人ずつ同時に入った方がおもしろくなるだろうな、と思ったんです。あと、一人で実証実験だと嫌がられるんですけど、「みんななんで」って言ったらすんなり行ってくれるかなって。この撮影のためにGoProを3台買いました。

内田　いい値段だったでしょ？

皆口　そのかいあってすごい新鮮な撮影ができましたね。自分は車でみんなの声を聞いていたんですが。

長尾　あれ声しか聞こえないから、自分以外の状況はわからないんですよね。話すタイミングも難しいし、パニクった人の声聞いてると、いろいろ想像しちゃって怖かったです。

内田　しょうちゃんが部屋の紙片を見て「残念です残念です」って言い始めたときは、ついに壊れちゃったのかなってすごい怖かった。ここガチな場所で、取り憑かれたのかもしれないって思いましたね。

落合　皆口くんとまーくんがお風呂場で御札を見つけて「うわー!!」って騒いでる声が聞こえてきて、それが一番怖かったね。「なになになに!?どうしたの!?　出ていいの!?」って。

長尾　まーくんたちは「うわー!!」って言ってる、落合さんは「なになになに!?」って言ってる、僕はみんな何してるんだろうなあって思いながら聞いてました（笑）。

内田　いまだに僕があの部屋に割り当てられたのは、皆口くんの策略だと思ってます。

皆口　一番奥に落合さんに行ってもらおうっていうのは決めてたんですよ。でも他は本当に適当だったんですよね……。でもどうせ適当だったら、ジャンケンで決めればよかったなって、ちょっと反省してます。

内田　そういえば山本さんは実証実験やってないよね⁇

山本　やってないですね。……やりたくはないですねえ。

長尾　山本さん、実証実験の指名されるとき、気配消してません？

山本　皆口さんの視線には入らないようにしています（笑）。それに僕が実証実験しても、みなさんのような撮れ高はないんじゃないかな〜？　という気がするんですよ。心霊スポットっていうところに感覚が追い付いてないから、まだやらない方がいいのかなって。

内田　撮れ高とか関係ない‼　僕は山本さんがペンライト1本で怯えながら実証実験やってるの

見たいです!!　やるべきだよ!!

長尾　山本さんやっても何も起こらなくて、すぐそのまま内田さんに振られる気しかしないですけどね。

落合　「たぶんライトが明るすぎたんで、内田さんちょっとこれで……」ってマッチ1本持たされて（笑）。

内田　すぐ燃え尽きちゃいますよ！

――セカンドシーズンでは全員が同じ声を聞くという体験もされていましたね。

落合　ブラックハウスね。あれは怖かった。俺はかなり早い段階で「なんか声が聞こえるな」って思ってたんだけど、皆口くんに伝えても全然気にしてくれなかった。

皆口　いや落合さんって常に早く帰りたい人なので、すぐにそれっぽいシーンを作ろうとするんですよ。「やばい空気……あるなあ」とかすぐ言う。本編ではカットしてるので、視聴者のみなさんが見てるのは落合さんのマジな部分だけですけど、現場ではよくあるんです。だからブラックハウスでも「また始まったな」って無視してたら、自分にも聞こえて。

長尾　外に出たら全員の耳にはっきり聞こえて、そこはちゃんと怖かったですよね。

落合　見事に声の方向に電波塔あったしね。

皆口　外で声が聞こえたときにみんなが同時に同じ方向を向いているんです。「聞こえた！」みたいな。それが、とてもリアルで怖いなって編集していて改めて思いました。

落合　俺、皆口くんが事前に仕込んだんだって思ったもん。リモコンでピッとやって、声が「うう－」って出るようにセッティングしておいたんじゃないのって。いくらなんでも聞こえすぎだって。

皆口　もしそうだったら、その機材全部現場に置き去りじゃないですか（笑）。

――セカンドシーズンで、みなさんそれぞれにとって印象的だった回を教えてもらってもいいですか？

落合　なんだかんだで第1回の「犬鳴峠」かな～。みんなで集まって、「よしがんばるぞ!!」って気合が入りましたね。あの撮影は、今も鮮明に覚えてます。

長尾 半年くらい間が空いての撮影でしたからね。どうやっていいか忘れちゃってて、最初は戸惑いました。で、始まったら「あ、そうだ、こんな感じだった」みたいな。僕も第1回は印象的でした。

――長尾さんは、ロシア村に憧れがあったと聞きました。憧れの場所に行けた感動はありましたか？

長尾 ロシア村は心霊スポットの中では一番行きたい場所でした。でも「ここがロシア村なんだ‼」って思ったのは着いた瞬間だけで、それからはもう……ずっと怖いという。

落合 ロシア村の実証実験は今までで一番しょうちゃんがかわいそうだったなあ。

内田 あの椅子に座れって言われると思った？

長尾 思ったら負けだと思ってた。

一同 （笑）。

長尾 椅子は物理的にもよくわからない埃やら破片

やらで汚れてて、虫とかもいるかもしれなくて、そんな場所に座るのは……。座った瞬間に冷水を浴びせかけられたように全身に鳥肌が立ちましたね。

落合　皆口くんって、鬼ディレクターとか、撮れ高の鬼とか言われるじゃない。

内田　鬼畜ディレクターとかって言いますよね。

皆口　鬼畜は聞いたことないよ。新しい悪口作らないでよ（笑）。

落合　さすがにあのときは、ここまでしょうちゃんにやらせるんだ、っていうのが怖いなって。声とかも聞こえてるのに、もう早く行ってあげようよ、かわいそうすぎるよって思った。

長尾　でも、一番悪いのはたぶん落合さんなんですよ。

落合　え？　俺？

長尾　落合さんって煽ってくるんですよ、恐怖を。「うわっうわうわうわ‼　大丈夫〜‼　声聞こえたよ〜‼」とか。こっちはそれに乗せられてパニックになっちゃう。

皆口　ロシア村のときは、待機組もパニックになってたからね。

山本　あのとき、はじめて「心霊スポットにいるんだな、自分」って実感しました。

長尾　最終回にして（笑）。

内田　僕は赤い部屋かな。みんなで黒電話見つけたとき、本当にびっくりした。あの電話線は本当に気づかなかったです。ただの黒電話なのに、なんであんなに怖いんだろう。もう黒電話は廃墟で見たくないですね……。

長尾　でも一人のときに見つけなくてよかったですね。内田さん一人で黒電話を見つけてたら、たぶん死んでましたよ。

内田　死なないまでも過呼吸くらいにはなってたかもね？（笑）

皆口　自分もみんなと同じ理由で犬鳴峠が印象的なんですが……同じなのもアレなので、それ以外だと「首狩神社」ですね。あの危機感はゾゾゾの撮影の中でもめずらしいベクトルというか。そもそも道合ってるのかな？　っていうところから心配だったし。

内田　そうだね。電波も入らなかったし。案内図に書いている時間よりずいぶん歩いても着かなくて……結局、片道1時間半くらいかかったよね。

皆口　カン!!　カン!!　って音が聞こえてきて、「あ、これはヤバいかも」って。恐怖の体感ってフェードインするんだなって実感しました。でもそういうのが撮りたくて行ってるところもあるから、うれしいって言ったらあれですけど（笑）。じわじわ～って少しずつ恐怖がきて、限界点に達して帰ってきたって感じでした。

内田　みんなは限界点はとっくに突破してたと思うよ。僕、山頂で使う予定で三脚持っていったのに、あんなことがあったから結局使わなかったし……。

皆口　持ってたのに使わなかったっていうのが、ガチ感あるね（笑）。

山本　皆口さんが「最悪こっち四人いるんで大丈夫ですよ」って言ってるの聞いて、びっくりしましたね。何言ってるんだこの人って思いました。

皆口　あれは「ヤバい人いたらやっつけよう」って言いたかったわけじゃなくて。「みんないるから大丈夫だよ」って安心させようと言ったんです。戦う意思なんて全くこれっぽっちもなかったですよ。

内田　安全第一ですからね。万が一のときは僕が体張りますよ。

落合　三脚も持ってるしね。

山本　僕はやっぱり初参加だった『幽霊ペンション&横向ロッジ』の回ですね。もうヤバくて、寒さが。心霊どころじゃなかったです。そのときはただただ過酷な場所に行く人たちって印象を持ちましたね。

落合　マイナス2度とかだったよね。

皆口　落合さんの髪の毛の存在がわからなくなるくらい過酷でしたね。「俺、髪ある？」って言ってましたもん。

落合　強風だし、つらかったです……。

皆口　あ、横向ロッジの回は、ぜひ言っておきたいことがあって。あれって最後に「ギギギギギ

……ゴーン!!」って重たい鉄のドアが閉まるような音が入ってるんです。「風が吹いてドアが閉まったんじゃない?」って見ている人は思うじゃないですか。だけど、実はあの建物、たしか鉄類が全部外されていてドアとかがなかったんですよ。本編中で説明したかったけど、それって全部の扉を映さないと証明できないんですよね。それをするとテンポが悪くなるからやめたんですけど。あれって本当になんの音だったんだろう?

内田 もしかしたら幽霊たちの心のドアが閉まった音かもしれませんね?

長尾 まとめかた下手じゃない??

一同 (笑)。

――サードシーズンへの期待も高まっていると思います。実現の可能性はありますか?

落合 期待していただけるのは純粋にうれしいです。続きが見たいっていう人がいないとそもそも成立しないですから。ん――でもすぐに「じゃあ行こう!!」って気持ちにはならない。壁があるよね(笑)。

長尾　僕は呼んでいただけたら行くって感じですね。廃墟や心霊スポットってどんどんなくなっていきますから、それなら早めに見ておきたいなって気持ちは正直あります。まあ怖いですけど。

山本　視聴者の方の期待が高まってて、それに対するプレッシャーはすごいと思うんですけど、皆口さんが楽しいと思ってくれるなら、ぜひ力添えしたいです。

長尾　うん。皆口さんにおもしろがってほしいって気持ちは僕もありますね。

皆口　自分はファーストシーズンから全然ブレてなくて。ただただ楽しいというのだけが原動力ですね。セカンドシーズンというのはただの区切りで、今は休憩時間っていう感覚です。サードシーズンというくくりになるかどうかはわからないですけど、行きたいところも、やりたいこともたくさんあります。まーくんと去年の秋くらいかな？　自宅でお酒を飲みながら話したんですけど、50、60、70歳になっても、自分の足で山を登れる限りはやりたいねって。

落合　70‼　そのときは俺、車椅子でしょうちゃんに押してもらってると思うよ。

長尾　落合さん、もうすぐですよー、着きますよーって（笑）。

落合　しょうちゃんもその頃にはそこそこジジイだけどね（笑）。

内田　その頃には科学が発展して、山登り用の車椅子もあるかもしれないですよ。

山本　最終的に落合さんがいなくなった場所が、ゾゾゾスポットになるかもしれませんね。

皆口 内田さん。それでは最後綺麗に締めていただいて。

内田 僕は、一生、ゾゾゾします!!

長尾 そのコメント、使えないでしょ（笑）。

落合 俺は好きだよ（笑）。

内田 まあ、皆口くんのやることには絶対の信頼を置いているし、なんだかんだ、怖いところに行くのを嫌じゃない自分がいるので。もし続編があるなら、よりおもしろくなったものをみなさんに楽しんでもらえるようにがんばります!!

――ありがとうございました!!

Q & A

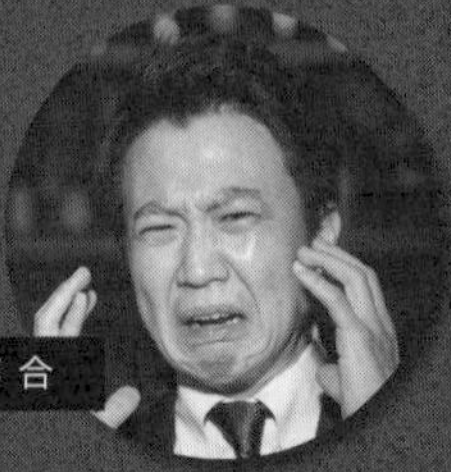

落合

セカンドシーズンについてメンバー
それぞれにお答えいただきました！

Q 始まることを知ったのは?
A Twitterで知って「嘘だろ……。マジかよ（笑）」って思いました。

Q 撮影が終わった今のお気持ちは?
A ホッとしました。最後まで見てくれた方もたくさんいて、うれしいです。

Q 一番好きな回は?
A ロシア村は何度も見ました。まさに「ザ・心霊スポット」を感じさせてくれるゾゾゾらしい作品だと思います。

Q 一番怖かった回は?
A 朝鮮トンネル。あそこは全くの別世界。この世とは違う場所に足を踏み込んだ感覚ははじめてでした。

Q 心霊現象以外で怖かったことは?
A 下田富士屋ホテルの奇声。

Q 撮影が怖かった日は?
A なるべくテレビショッピングのような明るい番組をつけたまま寝ます……。

Q 楽しかった＆うれしかったことは?
A 撮影後の1泊をみんなで過ごせたこと。修学旅行のような気持ちでした。

Q 印象的だった思い出は?
A せっかく遠出しているのに、全然地元の飲食店や観光地に行けてないので逆にそれが印象的でした……。本当にどこにも行けないんだ、って（笑）。

Q ゾゾゾメンバーの意外な一面は?
A 長尾くんは、たまに撮影中にカメラを気にせずどんどん突き進んで皆口くんに怒られています。「本当に廃墟が好きなんだなぁ」って思いました。

Q 撮影から帰っていつもすることは?
A 必ず靴を洗う。汚れることが多いので、無心で掃除しています（笑）。

Q 続編があったら行きたい場所は?
A ないです。

Q ゾゾゾは一言でいうと?
A 皆口シェフのフルコース。1～24話までおまかせ料理が出てくる感覚です。

Q 動画で見てもらいたいところは?
A 怖い中にも笑いがあるので、とにかく楽しんで見ていただきたいです。

Q 最後に一言お願いします!
A 本は落合の視点で書いたものなので動画ではわからない新たな発見があると思います。暇つぶしにぜひ!

Q 始まることを知ったのは?
A 始まる直前。あーまた怖いところに行くのかと思いました。

Q 撮影が終わった今のお気持ちは?
A 寂しさもあり、見てくれた方へのありがたさもあります。

Q 一番好きな回は?
A 朝鮮トンネル。行くのも怖かったし、撮影も「この暗闇でやるのか」というドキドキ感がたまりませんでした。

Q 一番怖かった回は?
A ホテル皇邸。御札を見つけたり、窓が勝手に開くなど、本当に怖かった。

Q 心霊現象以外で怖かったことは?
A 虫!!

Q 撮影が怖かった日は?
A 酒を飲んで寝る。これ以外はありませんね。

Q 楽しかった&うれしかったことは?
A 見てくれている人たちが増えたこと。現場に向かう車内や、終わった後の安心感の中での会話が楽しい。

Q 印象的だった思い出は?
A 蜘蛛の巣に本気でビビる落合さんが思い出。腹かかえて大笑いしました。

Q ゾゾゾメンバーの意外な一面は?
A 皆口くんの「ここ怖いわ」という一言が割と意外。やっぱ怖がるんだ! と思いました。

Q 撮影から帰っていつもすることは?
A お祓い。

Q 続編があったら行きたい場所は?
A 北海道の雄別炭鉱。化女沼レジャーランド。本当にヤバいぐらいの廃病院や廃マンション。

Q ゾゾゾは一言でいうと?
A ロマンの実現化。

Q 動画で見てもらいたいところは?
A 1本の作品として全体的に。メンバーの本当に怖がってる姿やスポットの背景を見てくれたら。

Q 最後に一言お願いします!
A 読んでいただき、ありがとうございます。日常の中のちょっとした刺激にしていただけたら幸いです。ここまで来られたのもみなさまのおかげです。本当にありがとうございます。

山本

Q 始まることを知ったのは?

A 撮影に伺ったらそれがセカンドシーズンでした。最初から最後まで本当に参加しているのか半信半疑でした。

Q 撮影が終わった今のお気持ちは?

A あっという間で、何が自分の周りで起こっていたのかよくわからない状態です。

Q 一番好きな回は?

A 赤い部屋。初回参加がココのような気すらしてます(横向ロッジは寒すぎてちょっとよく覚えていません)。

Q 一番怖かった回は?

A 朝鮮トンネル。人生であんなに生きるか死ぬかを感じたのはあそこがはじめてでした。

Q 心霊現象以外で怖かったことは?

A みんなの無言です。それだけ全員で恐怖を感じている瞬間の証明なので。

Q 撮影が怖かった日は?

A 適当なリズムで適当な小踊りして適当な鼻歌を添えてます。

Q 楽しかった&うれしかったことは?

A 移動の車内でみんながグミをくれます。唯一の癒し。

Q 印象的だった思い出は?

A みんな美味しそうに朝ご飯モグモグしてました。

Q ゾゾゾメンバーの意外な一面は?

A みんなめっちゃ真面目。Dに頼らず自身の力でどうにかできる器がある。

Q 撮影から帰っていつもすることは?

A 全部終わって布団に入ったら泥のように眠ります。

Q 続編があったら行きたい場所は?

A 行かなくてはいけないのであれば廃村など歴史が深そうな場所です。

Q ゾゾゾは一言でいうと?

A 奇跡。この時代にこのメンバーが揃うのはヤバい。

Q 動画で見てもらいたいところは?

A 皆口Dの創作意欲あふれる編集ですね。進化が止まりません。

Q 最後に一言お願いします!

A この本を読みながらの2周目・3周目、絶対おもしろいからぜひよろしくね。

Q 始めることを決めたのは?
A 『夏の特別編（19）』の次はどういう形でやるのがよいかなあと考えていた中、ふと“セカンドシーズン”って言葉が収まりよくてわかりやすいかなと……すぐ決めた気がします。

Q 撮影が終わった今のお気持ちは?
A ありがとうございましたって気持ちで胸がいっぱいです。

Q 一番好きな回は?
A 全部!　って言いたいところなんですが……しいてあげるなら『犬鳴峠スペシャル』。犬鳴峠はずっと行きたかった場所だったので。

Q 一番怖かった回は?
A 「いもんた」は撮影しててずっと怖かったのを覚えてます。撮影じゃなかったら、行きたくない場所です。

Q 心霊現象以外で怖かったことは?
A 録画ボタンの押し忘れと照明の充電は忘れないように気をつけてました(機材ミスが一番怖いです)。

Q 撮影が怖かった日は?
A お酒をたくさん飲みます。

Q 楽しかった＆うれしかったことは?
A 泊まったホテルの朝食がバイキング形式とかだと喜んでました。バイキング好きなんです。

Q 印象的だった思い出は?
A 京阪神20カ所行脚は大好きな大阪とか京都、兵庫をたくさん回れたので楽しかったです。

Q ゾゾゾメンバーの意外な一面は?
A 山本さんは朝シャン派。

Q 撮影から帰っていつもすることは?
A 編集作業。

Q 続編があったら行きたい場所は?
A いっぱいあるんですが言ったら行かないといけなくなるからないしょ。

Q ゾゾゾは一言でいうと?
A 「ホラーエンタテインメント」。

Q 動画で見てもらいたいところは?
A 『ゾゾゾの裏面』の、オフトークは怖くないので、ホラーが苦手な方もぜひ見てください!

Q 最後に一言お願いします!
A ありがとうございましたー!

長尾

Q 始まることを知ったのは?
A Twitterで知りました。「へぇやるんだ」と他人事のような気持ちでした。

Q 撮影が終わった今のお気持ちは?
A 終わったか……終わっちゃったなぁ……終わったのかな? と感慨深さと疑心暗鬼のような気持ちです。

Q 一番好きな回は?
A 赤い部屋。起承転結が心地よく、ラストのシーンは本当に怖かったです。

Q 一番怖かった回は?
A ホテルセリーヌ。編集も怖いですし、現場でもパニックになりかけました。

Q 心霊現象以外で怖かったことは?
A 下田富士屋ホテルのときに階段がきしんで、踏み抜けたらどうしようと、物理的に怖かったです。

Q 撮影が怖かった日は?
A 人がいる場所(飲食店やコンビニ)に行くようにしています。家にいるときはバラエティ番組をつけています。

Q 楽しかった&うれしかったことは?
A 1回だけ美味しいご飯が食べられたとき。怖さも少しやわらぎました。

Q 印象的だった思い出は?
A 高速のSAのご飯が好きでした。僕らおじさんたちが夜中に食べているのはなんとなくエモさを感じましたね。

Q ゾゾゾメンバーの意外な一面は?
A 山本さんの優しさ。優しい方なのはわかっていましたが、特にロシア村の合流後に「大丈夫×2」と声をかけてくださってすごく安心しました。

Q 撮影から帰っていつもすることは?
A すぐお風呂入ること。それだけです。

Q 続編があったら行きたい場所は?
A 北海道や沖縄など伝説がある土地。

Q ゾゾゾは一言でいうと?
A 友達以上、友達未満。友達より僕のことを理解してくれていますが、友達よりかしこまった関係だと思います。

Q 動画で見てもらいたいところは?
A あーだのこーだの言いながら見るのが楽しいかなと思います。

Q 最後に一言お願いします!
A 本当にありがとうございます。こんなおじさんたちもいるんだ、と暇つぶしに楽しんでいただけたら幸いです。

ゾゾゾ

セカンドシーズン

リスト

第 1 回

犬鳴峠
スペシャル

公開日 2020/01/01
視聴回数 4,165,290回
再生時間 21:24

初福岡遠征。知名度全国レベルの恐怖スポット3カ所に一挙大突撃！

▼犬鳴ダム（福岡県・宮若市）
ゾゾゾポイント：**1**

▼力丸ダム（福岡県・宮若市）
ゾゾゾポイント：**4.5**

▼新犬鳴トンネル（福岡県・宮若市─糟屋郡久山町）
ゾゾゾポイント：**4**

第 2 回

本当にヤバイ!!
恐怖の牛頸ダム
大突撃と
笑ったら死ぬ！
十三佛で実証実験！

公開日 2020/01/17
視聴回数 2,077,383回
再生時間 15:30

笑うと祟られる洞窟で落合と内田が実証実験をするが……。

▼牛頸ダム（福岡県・大野城市）
ゾゾゾポイント：**3.5**

▼十三佛（福岡県・八女郡広川町）
ゾゾゾポイント：**4**

第 3 回

ここで何が
あった？
イノチャン山荘
恐怖の大捜索
［前編］

公開日 2020/02/07
視聴回数 2,127,634回
再生時間 15:04

山奥の荒れ果てた山荘で殺人事件の現場と言われる大浴場を探す。

第 4 回

ここで何があった？イノチャン山荘恐怖の大捜索［後編］

公開日 2020/02/14
視聴回数 1,689,765回
再生時間 15:53

たどり着いたオーナー夫婦の家で一同は異様な光景を目にする。

▼イノチャン山荘（佐賀県・神崎市）
ゾゾゾポイント：5

第 5 回

福島2大肝試しスポット！幽霊ペンション&横向ロッジスペシャル

公開日 2020/03/06
視聴回数 3,046,209回
再生時間 19:57

山本初登場！ 氷点下2度&強風の過酷な撮影で怪現象が起こる。

▼幽霊ペンション（福島県・耶麻郡）
ゾゾゾポイント：3
▼横向ロッジ（福島県・耶麻郡）
ゾゾゾポイント：4

第 6 回

封印された心霊スポット！赤い部屋・解禁スペシャル［前編］

公開日 2020/03/27
視聴回数 1,886,277回
再生時間 14:28

所有者の協力により数十年ぶりに全室開錠されたアパートを徹底調査。

第 7 回

封印された心霊スポット！赤い部屋・解禁スペシャル［後編］

公開日　2020/04/03
視聴回数　1,758,534回
再生時間　16:11

赤い部屋で見つけた衝撃の残留物。そしてＶＨＳに残された映像とは。

▼赤い部屋（福島県・西白河郡）
ゾゾゾポイント：4

第 8 回

怪奇！心霊？珍スポット探検発見3連発スペシャル！

公開日　2020/04/24
視聴回数　1,139,897回
再生時間　13:41

視聴者から寄せられた曰くのない珍スポットを調査する特別回。

▼たばこジュー（東京都・豊島区）
ゾゾゾポイント：0.5
▼お化け階段（東京都・文京区）
ゾゾゾポイント：0.5
▼荒井注のカラオケボックス（静岡県・伊東市）
ゾゾゾポイント：2

第 9 回

心霊スポットで見つけてはいけないモノを見つけてしまった—。

公開日　2020/06/26
視聴回数　3,562,791回
再生時間　21:05

スクラッチ当選でテンションＭＡＸの落合が一人で廃ホテルに突入する。

▼下田富士屋ホテル（静岡県・下田市）
ゾゾゾポイント：4.5

第 10 回

テレビ特集中止！禁断の八木山橋！宮城最恐のヤバいスポット2本立てスペシャル

公開日　2020/07/10
視聴回数　2,724,621回
再生時間　17:31

有刺鉄線が張り巡らされた橋と謎の音や光が映り込む廃ホテル。

▼八木山橋（宮城県・仙台市）
ゾゾゾポイント：3

▼ホテルニュー鳴子（宮城県・大崎市）
ゾゾゾポイント：4

第 11 回

朝鮮トンネルスペシャル［前編］

公開日　2020/07/31
視聴回数　1,868,035回
再生時間　14:59

エロ本小屋で落合大興奮。心霊トンネルでは怪現象が出演者を襲う。

▼エロ本小屋（岐阜県・瑞浪市）
ゾゾゾポイント：7

第 12 回

朝鮮トンネルスペシャル［後編］

公開日　2020/08/07
視聴回数　1,527,405回
再生時間　15:09

人が埋められたと言われる謎の洞窟でかつてない恐怖に遭遇する。

▼朝鮮トンネル（二股トンネル）（岐阜県・加茂郡）
ゾゾゾポイント：5

第　13　回

本当にヤバい！
最恐スポット
首狩神社で最悪の
遭遇！?現場騒然の
緊急事態発生！

公開日　2020/08/21
視聴回数　3,255,002回
再生時間　16:06

背後から迫りくる人の気配と鳴りやまない音に一同大パニック。

▼首狩神社（浅間神社）（愛知県・豊橋市）
ゾゾゾポイント：5

第　14　回

【行っては
いけない場所】
いもんたって
知ってる？

公開日　2020/10/23
視聴回数　2,229,788回
再生時間　18:01

詳細が一切不明の謎に包まれた廃神社で呪われた一族の真相に迫る。

▼いもんた（香川県・三豊市）
ゾゾゾポイント：5

第　15　回

ほんとにあった！
ヤバイ家
スペシャル
［前編］

公開日　2020/11/27
視聴回数　1,890,848回
再生時間　14:55

内田が厳選したヤバい家。1軒目には大量の人形が吊るされていた。

▼キューピーの館（岡山県・岡山市）
ゾゾゾポイント：4

第 16 回

ほんとにあった！ ヤバイ家 スペシャル ［後編］

公開日 2020/12/04
視聴回数 1,658,950回
再生時間 16:22

御札の家の特にヤバいと言われる2階で実証実験を決行するが……。

▼御札の家（岡山県・倉敷市）
ゾゾゾポイント：5

第 17（Extra）回

心霊スポット 20カ所行脚+1！ 最期の 内田さん家

公開日 2020/12/17
視聴回数 766,202回
再生時間 6:14

異臭漂う家で家主の痕跡大量発見。さらに明かされる驚愕の新事実。

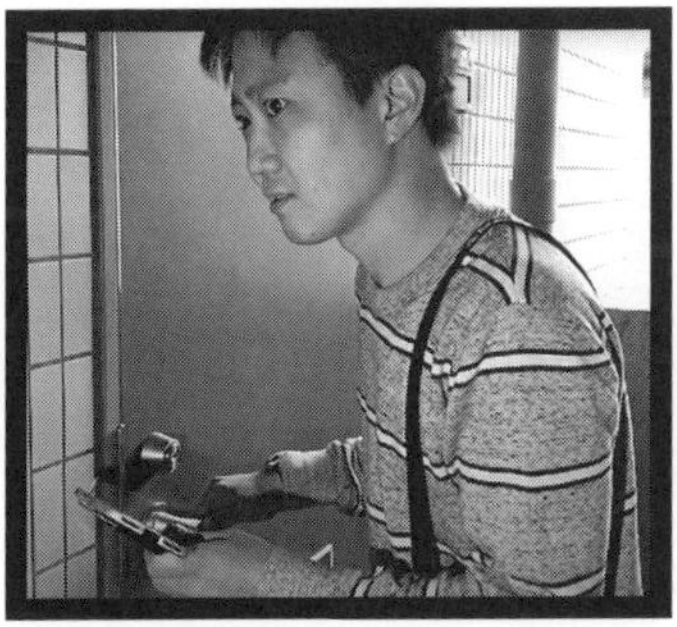

▼内田さん家（埼玉県・川口市）
ゾゾゾポイント：5

第 17 回

関西の 最恐心霊スポット 20カ所行脚！ 京阪神まとめて 大突撃スペシャル！

公開日 2020/12/18
視聴回数 1,468,501回
再生時間 21:30

兵庫・大阪・京都を巡る。落合の手には余る恐怖スポット続々。

ゾゾゾポイント：P・130－135参照

第　18　回

取り残された廃屋

公開日	2021/01/01
視聴回数	1,751,253回
再生時間	17:14

視聴者からの情報で発見した廃屋に再突撃するが予想外の展開に。

▼取り残された廃屋（大阪府・某山中）
ゾゾゾポイント：4

第　19　回

恐怖！ホテルセリーヌの呪われた妊婦絵を撮る！長野のヤバい心霊スポット大突撃スペシャル

公開日	2021/03/12
視聴回数	1,836,760回
再生時間	22:13

妊婦絵を10枚撮影すると起こると言われる怪異。その正体とは。

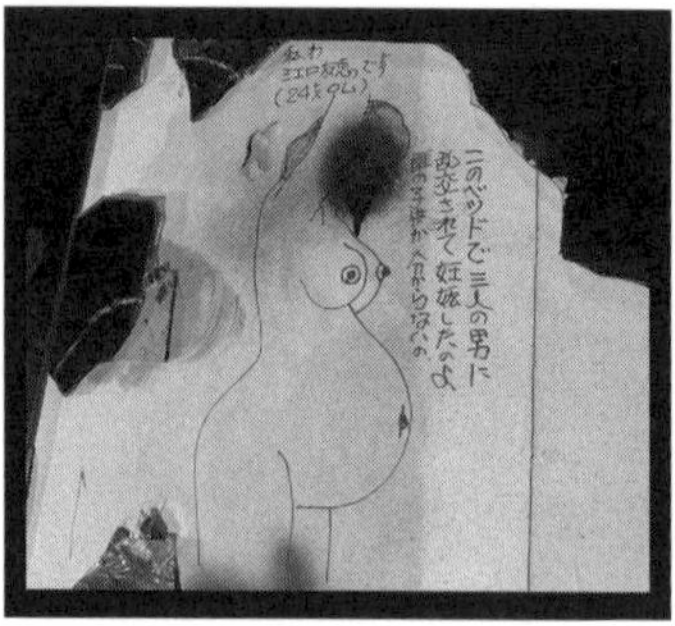

▼人肉館（長野県・松本市）
ゾゾゾポイント：3

▼ホテルセリーヌ（長野県・上水内郡）
ゾゾゾポイント：4

第　20　回

ある少女と鉄格子の家を巡る恐怖の心霊スポットレポート

公開日	2021/03/26
視聴回数	1,634,748回
再生時間	19:13

ブラックハウスで全員に聞こえた声。その先にはある建物があった。

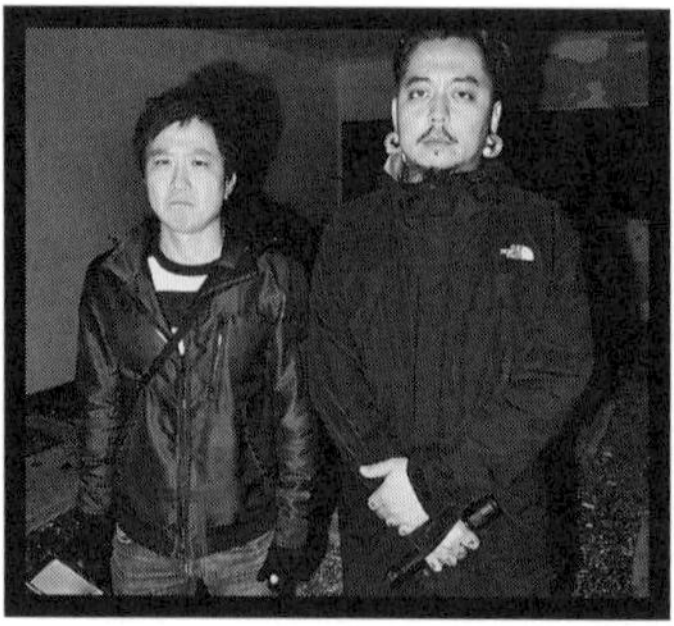

▼ホワイトハウス（新潟県・新潟市）
ゾゾゾポイント：4

▼ブラックハウス（新潟県・西蒲原郡弥彦村）
ゾゾゾポイント：5

第21回

恐怖！心霊ミステリー・真夜中の怖いドライブスペシャル！

公開日 2021/04/23
視聴回数 1,357,317回
再生時間 19:16

久々の心霊デスドライブ企画。平日深夜に恐怖スポットで肝試し。

▼佐倉城址公園（千葉県・佐倉市）
ゾゾポイント：2.5

▼雄蛇ケ池（千葉県・東金市）
ゾゾポイント：3

▼地図から消えた海岸（浜宿海岸）（千葉県・長生郡）
ゾゾポイント：4

第22回

解禁！封印されたホテル皇邸・禁断の大潜入スペシャル

公開日 2021/06/04
視聴回数 1,621,177回
再生時間 20:11

三人同時実証実験で次々に見つかる紙片と内田に降りかかる恐怖。

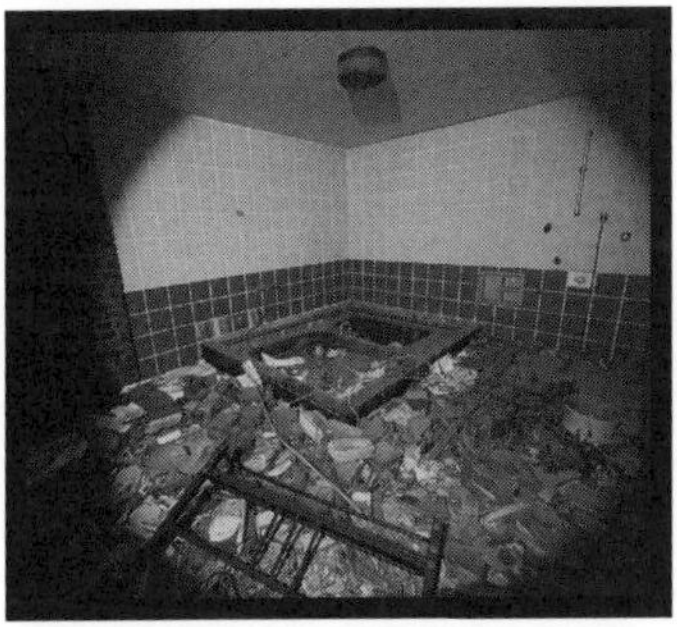

▼ホテル皇邸（高知県・高知市）
ゾゾポイント：4.5

第23回

呪われた廃テーマパーク！最期のロシア村スペシャル［前編］

公開日 2021/06/25
視聴回数 1,767,156回
再生時間 23:24

伝説の心霊スポットで次々に見つかる謎の椅子は何を意味するのか。

第24回

呪われた廃テーマパーク！最期のロシア村スペシャル［後編］

公開日 2021/07/02
視聴回数 1,729,256回
再生時間 28:38

とうとう見つけた地下室。水没した部屋に決死の覚悟で潜入する。

▼新潟ロシア村（新潟県・阿賀野市）
ゾゾゾポイント：5

※視聴回数は2021年9月時点のものです。

OFF SHOT

いろいろあったセカンドシーズンも終わり。
思い出話に花を咲かせるこの時間が一番楽しい。

文　村田らむ
デザイン　西垂水 敦・松山千尋（krran）
撮影　P・6～7・258～284・295
三好宣弘（RELATION）
地図制作　アトリエ・プラン
校正　東京出版サービスセンター
編集　森 摩耶（ワニブックス）

ゾゾゾ
2018年6月よりYouTubeで配信を開始したホラーエンタテイメント番組。落合、内田、山本、皆口、スペシャルゲストの長尾の五人を中心に、心霊スポットや恐怖ゾーンといった日本全国のゾゾゾスポットをレポートして、ホラーポータルサイトを作るという壮大な目標を掲げて活動する。投稿される動画のエンタメ性、クオリティの高さから、「怖いけれど面白い」と話題に。2018年6月～2019年5月にファーストシーズン、2020年1月～2021年7月にセカンドシーズンの動画を投稿。チャンネル登録者数68万人超、総再生回数1億回超（2021年9月時点）。

村田らむ
1972年、愛知県名古屋市生まれ。ライター、漫画家、イラストレーター、カメラマンとして活躍。廃墟、ホームレス、ゴミ屋敷、新興宗教、樹海などをテーマにした体験&潜入取材を得意とする。『ホームレス大博覧会』（鹿砦社）、『禁断の現場に行ってきた!!』（鹿砦社）、写真集『廃村 昭和の残響』（有峰書店新社）、『樹海考』（晶文社）、『ホームレス消滅』（幻冬舎）、『誰もが見て見ぬふりをする禁忌への潜入で見た誰かにとっての不都合な現実』（竹書房）など、著書多数。

読むゾゾゾ2

2021年10月31日　初版発行
2024年10月20日　3版発行

発行者　髙橋明男
編集人　青柳有紀
発行所　株式会社ワニブックス
〒150-8482
東京都渋谷区恵比寿4-4-9 えびす大黒ビル
電話　03-5449-2711（代表）
03-5449-2716（編集部）
ワニブックスHP　http://www.wani.co.jp/
WANI BOOKOUT　http://www.wanibookout.com/

印刷所　株式会社光邦
DTP　株式会社三協美術
製本所　ナショナル製本

定価はカバーに表示してあります。
落丁本・乱丁本は小社管理部宛にお送りください。送料は小社負担にてお取替えいたします。ただし、古書店等で購入したものに関してはお取替えできません。

ISBN978-4-8470-7110-2

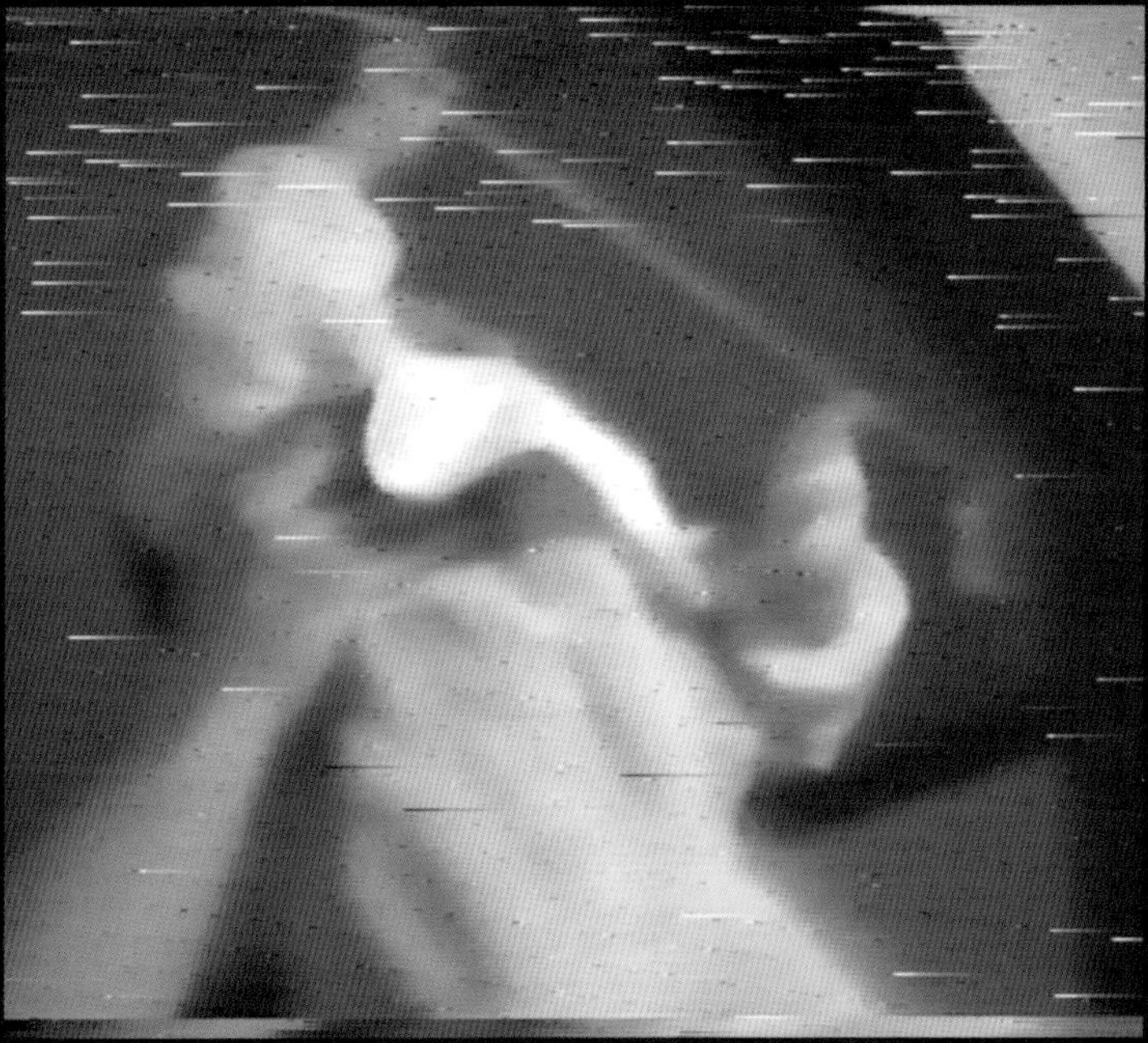

赤い部屋に落ちていたVHSに残された映像。
背景に映る部屋は、赤い部屋の内装と一致している。

「表示できない画像」となっていたホワイトハウス2階の写真。
後日パソコンで確認すると、真っ黒な何かが写されていた。

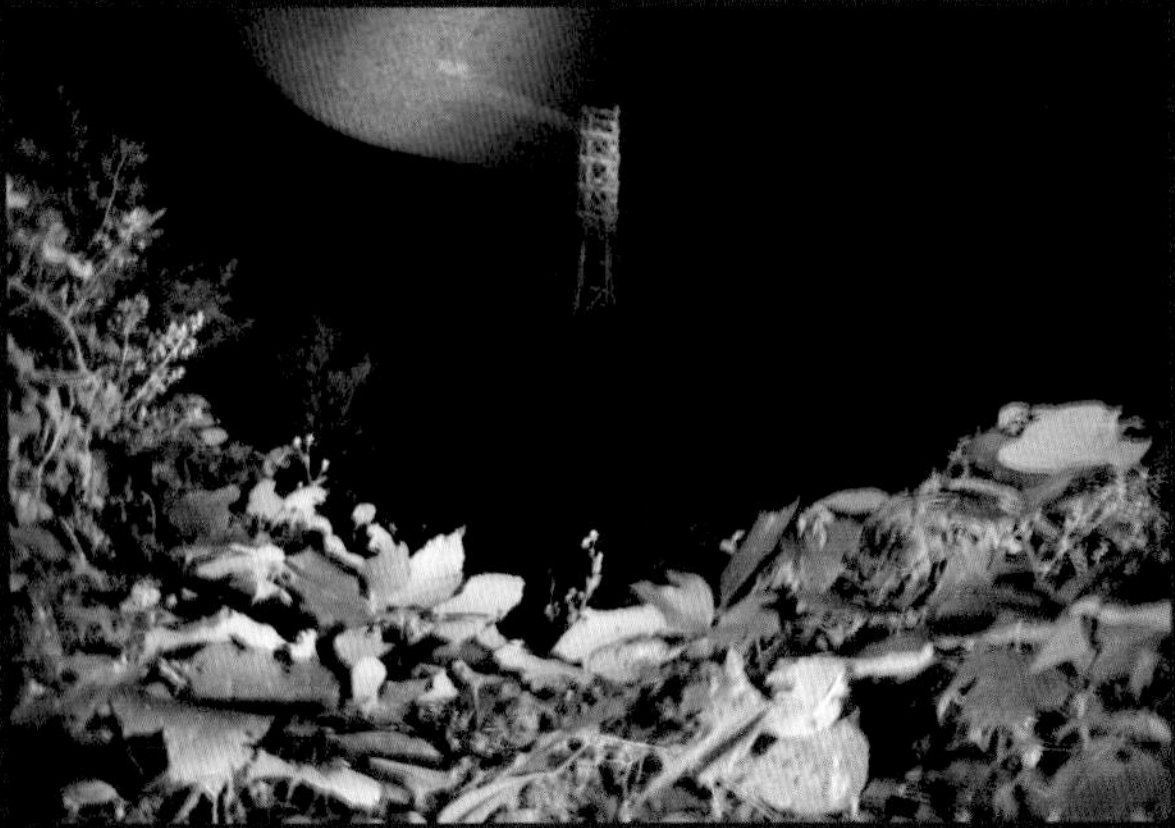

落合が自殺電波塔を撮影した写真には、
1枚だけ謎の青い光が写り込んだ。

ホテル皇邸の赤い部屋の浴槽の中に落ちていた御札。
腐りかけて破れ、汚れたゴミにまじって散らばっていた。

ロシア村の燃えた部屋にポツンと置かれた椅子。
長尾がこの椅子に座ってから、怪現象が起こり始めた。